Philippinen

Roland Hanewald (Text) · Michael Riehle (Fotos)

PALN. 001450

Liebenswerte Menschen – zauberhafte Natur

Gr. Foto: Mitteleuropäers Traum: Strand im Bacuit-Archipel von Palawan. Kl. Foto: Kinderspaß auf der Insel Sibuyan beim Ort Magdiwang.

7107 Eilande gibt es im philippinischen Archipel, einschließlich jeder Felsnase. Einige Inseln sind von stattlicher Dimension: Ein Drittel des Landes macht Luzon, die größte, mit ihren 104 688 Quadratkilometern aus. Auf nur einem Bruchteil der Inseln leben die rund 75 Millionen Filipinos, die auch als Städter ihre Liebe zum Land bewahrt haben. Die jahrhundertelange Kolonisation konnte ihren freundlichen, sehr asiatischen Charakter nicht verbiegen.

Wie wär's, einmal nach Schatzgaleonen zu tauchen oder einen brodelnden Vulkan zu erklettern? Wer kann, der kann auch auf gewaltigen Wellen surfen, urwüchsige Dschungel erforschen – oder einfach gar nichts tun und unter Kokospalmen (der Archipel hat über 300 Millionen von ihnen) den Tag verträumen. Sich in kristallklarem, herrlich warmem Wasser zu aalen gehört fast zum Urlaubs-Alltag. Man isst naturnah und lernt viele liebenswerte

Cebu City: Basilica Minore del Santo Niño

Leute kennen. Das alles, und noch viel mehr, ist machbar in diesem tropischen Paradies.

7107 Inseln! Hat mal jemand ausgerechnet, wie lange es dauern würde, sie alle zu bereisen? Sogar Landeskenner, von den mathescheuen Filipinos selbst ganz zu schweigen, sind immer wieder erstaunt, wenn sie das Ergebnis erfahren: Bei flottem Tempo von einer Insel pro Tag wären für den Trip etwa zwanzig Jahre erforderlich. Bon voyage!

Nur als kleines Beispiel für die enorme Vielseitigkeit des philippinischen Erlebnispotenzials: Schon das Reisen von einer Insel zur nächsten ist zumeist ein denkwürdiges Abenteuer. Oft scheint die Tour in ein völlig anderes Land zu führen. Topographie, Vegetation, Städte, Men-

In Manilas Geschäftsstadt Makati boomt das Business

Straßenküche in Manila-Parañaque: Gebrutzelt wird überall – auch das beliebte Spanferkel

Manila: im Einkaufszentrum Robinson's Plaza

Tropisches Grün gibt im Inselstädtchen Romblon den Ton an

schen, Sprachen – alles unterscheidet sich von einer Anlaufstation zur nächsten. Und auf jedem Eiland gibt es etwas anderes zu entdecken, wobei dieses Wort nicht in seiner abgelutschten modernen Bedeutung, sondern im traditionellen Sinn zu verstehen ist: Jeder Philippinen-Reisende ein kleiner Magellan.

Etwa vierzig Prozent der philippinischen Bevölkerung leben in Städten. Ihre Zahl nimmt rasant zu, denn zahllose Migranten erhoffen sich in den Metropolen des Landes (Manila, Davao, Cebu, Iloilo, Zamboanga, Bacolod, Angeles, Butuan und Cagayan de Oro; Reihenfolge nach Einwohnerzahl) das große Glück. Dem ausländischen Besucher wird dieserart ein kleiner Bonus zuteil: In einem relativ dicht besiedelten Land stößt er nämlich auf Regionen – oft die schönsten –, die im Vergleich zum Rest ziemlich »entvölkert« erscheinen. Das kann für Reisende, die keinen Wert darauf legen, ständig Menschenmassen um sich zu sehen, ein ganz angenehmer Nebeneffekt sein.

Was für ein Land! Y'ami im hohen Norden befindet sich nur einen Steinwurf von Taiwan entfernt, schon in den Subtropen. Von Sitangkai, 1800 km weiter südlich, sind es gerade mal fünf Breitengrade zum Äquator. Zur Rechten geht die geographische Reise unter Wasser über zehn Kilometer in die Tiefen des Philippinengrabens hinab, auf dessen mitunter von Erdbeben geschütteltem Oberrand sich ganze Ketten von Vulkanen breit machen. Zur Linken dehnt sich großflächig der »Gefährliche Grund«, ein wegen seiner Risiken für die Schifffahrt so benanntes riesiges Korallenareal aus zahllosen Riffen und Inselchen, fast unberührt und von mehreren Nationen umstritten.

Romantisch höchstens im Abendlicht: Bretterhütten in Zamboanga

Von Geburtenregelung halten die Filipinos nicht viel

Zwischen diesen Koordinaten liegen die über 7000 Inseln ausgebreitet und machen die Philippinen zu einem der größten Archipele der Welt. Die reine Landmasse beträgt fast genau 300 000 Quadratkilometer und entspricht damit 84 Prozent der Bundesrepublik Deutschland. Besiedelt ist nur etwa ein Drittel der vielen Eilande – dafür aber auch ziemlich dicht. Rund 74,5 Millionen Menschen sind auf den Philippinen zu Hause, und sie werden rapide mehr. Trotz intensiver regierungsseitiger Bemühungen und zunehmender Einsichten in die Problematik ist die ungezügelte Bevölkerungszunahme das größte Hindernis für eine zeitgerechte Entwicklung des Landes.

Und wenn schon. Filipinos fühlen sich wohl unter vielen ihresgleichen. Das individuelle »Coolsein« der westlichen Gesellschaften ist nicht ihr Ding, und insofern unterscheiden sich »East and West«, frei nach Kipling, diametral. Die engen sozialen Kontakte und warmen familiären Bindungen, an denen Länder wie die Philippinen so reich sind, das Gefühl der Geborgenheit, welches die zumeist wenig begüterten Menschen einander vermitteln – das alles fehlt den in vieler Beziehung von einem gesichtslosen Staat abhängigen »Westlern«.

Sie können nur träumen von der gesellschaftlichen Solidarität, die die Praxis der gegenseitigen Hilfe und Unterstützung dort im insularen Osten hervorgebracht hat. Der größte Teil der im Traditionellen verhafteten Filipinos betont diese Qualität der nachbarschaftlichen Beziehung auch mehr als alles andere. »Bayanihan« – Zusammenwirken – bestimmt vornehmlich unter den rund 50 Millionen Bauern und Fischern die soziale Struktur mehr als Wettbewerb, gutes Ansehen gilt mehr als individueller Erfolg.

In jüngerer Zeit hat zwar eine fühlbare Trendwende in Richtung auf materielle Orientierungen stattgefunden, virtuos vorvollzogen durch den unersättlichen Marcos-Clan und, unseligen neueren

Selbst im hektischen Manila gibt es lauschige Plätze – hier am Roxas Boulevard

Chocolate Hills nannte man die vielen gleichmäßigen Hügel, die es nur auf der Insel Bohol gibt

Angedenkens, den schurkigen »Kumander Robot«. Doch auf den Dörfern, die die »wirklichen« Philippinen ausmachen, ist davon nicht viel zu bemerken. Die Zielsetzungen sind unverändert personen- und nicht leistungsorientiert; die Menschen wollen, dass man sie schätzt, anerkennt und akzeptiert – als Mensch.

Niemandes Last: Man lebt vom Land und vom Meer

Für diese Position braucht es im Idealfall nicht mehr, als zum täglichen Leben nötig ist. Man lebt vom Land und von der See, ohne beiden fühlbar zur Last zu fallen. In Industriestaaten würden solche Selbstversorger als »arbeitslos« geführt werden und Stütze beziehen. Auf den Philippinen taucht diese große Masse in keiner Statistik auf. So erklärt sich auch das erschreckend niedrig wirkende Bruttosozialprodukt des Landes.

Und immer wieder steht die Frage im Raum: »Wovon leben die nur alle?« Worauf flinke Sachkenner aus einer besser gestellten Welt flugs die Antwort parat haben: von uns. Von der Prostitution. Vom Drogenhandel. Von Diebereien. Von Entführungen. Oder wovon denn sonst?

Wer als fremder Besucher der Philippinen nach einem Blick hinter die bescheidenen Kulissen eine objektivere Antwort auf die Frage findet, wird das Land bald verstehen und lieben lernen. Die Geschichte des Archipels ist voller Lobpreisungen von Ausländern, die sich dort

»Achtes Weltwunder«: Reisterrassen auf Luzon

angesiedelt und, eingebunden in die insulare Kultur, eine neue Heimat gefunden hatten. Namentlich jene, die nach Jahren auf den Inseln in den eigenen Zivilisationskreis zurückgekehrt waren, ergingen sich im Rückblick oft in schwärmerischen Beschreibungen und litten für den Rest ihres Lebens an Nostalgie nach der tropengrünen Ferne.

War es das Paradies, das Schlaraffenland (wie der preußische Ethnologe Fedor

Auch auf Bicol ist der Wasserbüffel weiterhin die verlässlichste Zugmaschine

Jagor, der die Philippinen 1859/60 bereiste, es nannte), um dessen Besitz sich so viele fremde Nationen bekriegten? Spanier und Portugiesen waren an diesen Händeln beteiligt, Chinesen und Japaner, Engländer, Holländer, Amerikaner und Deutsche.

Deutsche? In der Tat wären die Philippinen um ein Haar deutsch geworden – eine fast unbekannte Facette der fernöstlichen Historie. In der zweiten Hälfte des 19. Jahrhunderts hatten Bürger des Kaiserreichs bereits diverse Handelsniederlassungen auf den Inseln gegründet. Nach außen hin waren die Deutschen von den spanischen Kolonialherren auch durchaus gut gelitten. Doch im Geheimen verdächtigte man sie, mit der jungen philippinischen Unabhängigkeitsbewegung gemeinsame Sache zu machen – was gar nicht mal so abwegig war. Kaiser Wilhelm II. verfolgte mit großer Aufmerksamkeit, was auf den Philippinen ablief, und schickte 1896 sogar seinen Vizeadmiral Tirpitz in Späherfunktion vor Ort. Der meldete, dass die Spanier am Ende wären und der Archipel dem Deutschen Reich bald wie ein reifer Apfel in den Schoß fallen würde.

Schon 1898: Die Amerikaner waren schneller als die Deutschen

Nur hatte man die Rechnung ohne die Amerikaner gemacht. Die erklärten Spanien 1898 den Krieg und schossen im Mai jenes Jahres das spanische Flottengeschwader in der Manila-Bucht zusammen. Die Kaiserliche Marine war ebenfalls vertreten, kam jedoch nicht zum Zug und schlitterte nur knapp an einem Zusammenstoß mit den Amerikanern vorbei. Das Zwecklose ihres Unterfangens erkennend, zogen die Deutschen pikiert ab und versuchten noch, einen Stützpunkt auf den Sulu-Inseln zu etablieren. Doch da saßen die Yankees auch schon, und damit endete das deutsch-philippinische Abenteuer.

Das war bestimmt gut so. Dennoch ist die Vorstellung faszinierend, wie es wohl unter Schwarzweißrot weiter gegangen wäre. Die Deutschen genossen große

Sand und See machen Kinder glücklich, auch auf den Philippinen

Von der Riesenstadt bis zur totalen Wildnis ist auf den Philippinen alles vertreten. Es ist diese enorme Vielfalt von Landschaftsbildern, die das Land so ungeheuer attraktiv macht. Freilich sind manche Ökozonen akut gefährdet. Die generelle Landflucht trägt jedoch vielerorts im philippinischen Archipel zu den natürlichen Selbstheilungskräften bei, und auch das ökologische Bewusstsein der Bevölkerung hat sich vertieft – eine ganz gute Konstellation also.

Sympathien im Land. José Rizal, der spätere Nationalheld, hatte in Berlin und Heidelberg studiert, und im Jahr 1897 waren sogar Exilfilipinos in Hongkong an das dortige kaiserliche Konsulat mit dem Ansuchen herangetreten, die Philippinen zu einem deutschen Protektorat zu machen. Doch hätte sich der Archipel, wenn alles nach Wilhelms Wünschen verlaufen wäre, so »germanisch« entwickelt wie, sagen wir mal, das heutige Mallorca?
Man darf das bezweifeln. Die fremden Okkupanten kamen und gingen, ohne dass sich die »Leitkultur« des kolonisierten Landes grundlegend geändert hätte. Spanien brachte die Religion, Amerika die (Zweit)-Sprache, Japan die Autos. Doch die Filipinos blieben philippinisch. Sie machten sich wenig von den Wesensmerkmalen der Fremden zu Eigen, ließen sich nicht zu kleinen Ausländern klonen.

Sind die Familienbande wichtig, entwickelt sich kaum Nationalgefühl

Zumeist focht es sie auch kaum an, wer gerade in Manila an der Macht war. Viel wichtiger war stets, dass der Reis und die Kinder gediehen. *Bahala na* – wen interessiert das Morgen? Und wer kann sich für den Begriff der »Nation« erwärmen, wenn enge Familienbande die Mentalität dominieren? Sich für ein abstraktes Staatsgebilde oder gar für einen »Führer« totschießen zu lassen, lag den Filipinos nie. Der Mensch zieht ja nicht in den Krieg, um seinen persönlichen Aggressionstrieb zu befriedigen. Er tut es im blinden Glauben daran, was ihm als gute Sache dargestellt wird. Und dafür gab es in der Kolonialgeschichte des Landes fast

Zäher Typ: alter Igorote in Banaue

Motorradtaxi: Möchte noch jemand zusteigen?

Boracay: »She sells sea shells« (unten)

immer nur Fremde, die ganz andere Prioritäten als Reis und Kinder hatten und schon deshalb nur Fremde waren.

Für die meisten Bewohner des Archipels liegt die koloniale Epoche ohnehin weit im Dunkel der Vergangenheit. Allmählich gewöhnt man es sich auch ab, die damaligen Besatzer für heutige Miseren verantwortlich zu machen, weil es eh nichts bringt. Häufig allein mangels besseren Wissens. Mit historischen Figuren, selbst mit dem spanischen König Philipp II., dem Namensgeber des Landes, kann die große Mehrheit genauso wenig anfangen wie Bürger anderer Breiten mit ollen Kaisern und Königen.

Jeder weiße Ausländer ist für Filipinos durchschnittlicher Bildung ein Amerikano, kurz auch Kanó oder Joe. Mancher hat vielleicht von Germany gehört und hält es für einen US-Bundesstaat. Aber was dessen Hauptstadt sein könnte? *Ewan ko* – keine Ahnung.

Selbst der Katholizismus ist nur dünner Firnis

Die Feststellung ist also nicht falsch, dass die Mehrheit der Filipinos dem eigenen, natürlich asiatischen, Kulturkreis zugewandt ist und dem Fremdem kaum großes Interesse entgegenbringt. Zwar mag der Besucher angesichts der unübersehbaren McWorld-Atmosphäre in den Städten den gegenteiligen Eindruck haben und empfinden, das Land sei von Klein-Amerika nicht weit entfernt. Doch die Absorption importierten Kultur- und Unkulturguts ist dünn und wenig haltbar. Selbst hinter dem zur Schau gestellten glühenden Katholizismus verbirgt sich sehr häufig uralter Geisterglaube und viel biblische Unkenntnis.

Und in der Brust des gründlich verstädterten Filipinos, an dem die Globalisierung keineswegs spurlos vorüberging, schlagen zwei Herzen. Er mag sich mit der Technologie des dritten Jahrtausends umgeben. Doch seine Seligkeit findet er erst, wenn er in Omas und Opas Palmblatthütte die Schuhe ablegen und den über offenem Feuer gegarten Fisch aus der nackten Faust verspeisen kann. Die Zutaten, die die Essenz eines der glücklichsten Länder der Welt ausmachen, sind oft von lachhaft winzigen Dimensionen; Ausländer vermögen sie zumeist gar nicht zu erkennen. Aber sie sind präsent, immer und überall.

Negrito-Mädchen in Nord-Luzon bei selbstverständlicher Hausarbeit

Auch im Zeitalter des Computers, das auf den Philippinen längst angebrochen ist (der berüchtigte »I love you-Virus« kam von dort), gibt es weiterhin ethnische Minderheiten, die anachronistischen Lebensformen anhängen. Die meisten dieser Wald- und Seemenschen haben ihren »way of life« als durchaus überlegen verinnerlicht. Sie sehnen sich, obwohl ihnen solche Wünsche oft in den Mund gelegt werden – »die wollen doch auch mal Schokolade essen« –, gar nicht nach den glänzenden Errungenschaften einer artfremden Zivilisation, sondern sind mit ihrem anspruchslosen Dasein mehr als zufrieden. Die geringe Abwanderung ethnischer Minderheiten aus ihren Stammesgebieten ist ein sicheres Zeichen dafür.

Fiestas werden stets mit großem Pomp gefeiert – hier das Pahiyas-Fest

MAKATI MALL
Use your Citibank Credit Card and get free extra swipe card!
AYALA CENTER
Potato Corner
GAME STATION
RICE CAKES
LATIK

Einerseits Moloch, andererseits dörflicher Charme

Fotos: Im Stadtteil Makati zeigt sich Manila reich und fortschrittlich: Einkaufszentrum Ayala Center und viele Hochhäuser.

Eine »vornehme und treue« Stadt nannte König Philipp II. von Spanien sie anno 1574. Imelda Marcos erfand vierhundert Jahre später den Titel »City of Man«. Da war Manila aber schon lange nicht mehr vornehm. Heute drängen sich in »Metro Manila« siebzehn Einzelstädte mit rund elf Millionen Menschen. Statt märchenhafter Düfte gibt es übervölkerte Slums. Dennoch ist Manila ein Faszinosum, nach wie vor.

Eva Katigbak freut sich, heute ist ein Festtag für sie. Man hat ihr mitgeteilt, dass ab nächster Woche ein Minibus sie von der Haustür bis zur Arbeitsstelle transportieren wird. Ein Kleinunternehmer hat diesen Sonderdienst ins Leben gerufen. Das erspart ihr zwei tägliche Fahrtstunden mit öffentlichen Verkehrsmitteln. Und dann auch noch in klimatisiertem Komfort! Der jungen Filipina ist zum Singen zu Mute, und das tut sie auch.

Sie wohnt in einer der riesigen, »Villages« genannten Schlafstädte in Manilas südlicher Suburbia: Bungalow an kleinem Bungalow, alles begrünt und pieksauber und durchaus angenehm. Die Villages entstanden in den siebziger Jahren, damals noch in der Nähe des internationalen Flughafens, und weiteten sich immer mehr nach Süden aus. Die erste Reihe verschliss allmählich, wer es sich leisten konnte, zog in die nächste.

Inzwischen sind die Villages über den südlichsten Vorort Alabang hinausgewachsen. Sie werden in naher Zukunft das gesamte Westufer des großen Binnensees Laguna de Bay einnehmen und eines Tages, sagen Schwarzseher voraus, wird es zum Schulterschluss mit der Hafenstadt Batangas kommen, 120 Kilometer entfernt.

Frau Katigbak arbeitet in einem Regierungsbüro in Quezon City im Nordosten Manilas. Bevor die gute Nachricht sie erreichte, stand sie an jedem Werktag um 4 Uhr auf. Morgentoilette, Tricycle (Motordreirad) zur Hauptstraße, Jeepney

Intramuros Golf Course: Abschlag vor historischem Hintergrund

Containerbrücken im North Harbor

An der Manila Bay

Am Roxas Boulevard schlägt Manilas Herz

Immer wieder stößt man in Manila auf die Namen Rizal und Roxas. Wer waren diese beiden so verehrten Männer? José Rizal, geboren am 19. Juni 1861 in Calamba (südlich von Manila), studierte in Europa, auch in Deutschland. Die spanische Kolonialmacht empfand seine dort herausgegebenen Schriften als revolutionär aufwiegelnd. Bei seiner Heimkehr 1892 wurde Rizal verhaftet und nach Mindanao verbannt. Die vier Jahre später losbrechende Revolution nahmen die Spanier zum Anlass, Rizal am 30. Dezember 1896 hinzurichten.

Manuel Roxas war der erste Präsident der am 4. Juli 1946 in die endgültige Unabhängigkeit entlassenen Philippinen.

Die älteste Kirche Manilas: San Agustin

Wachablösung am Rizal-Denkmal

(Zubringer) zur Busstation, Ringen um einen Sitzplatz, 35 Kilometer Stadtautobahn, Stau an Stau, zähestes Schneckentempo. Abends das Gleiche retour. Das macht alt, aber sie nimmt das in Kauf für ihren Bungalow. Als Beamtin hat sie ein Darlehen zu günstigen Konditionen erhalten und stottert das Häuschen langfristig ab. Wer so gebunden ist, meint die Behörde, steht zeitig auf und kommt nicht auf dumme Gedanken.

Wer im Ausland arbeitet, ist aller Sorgen ledig

Aber Eva Katigbak hegt bereits welche. Ihre schmal bemessene Freizeit füllt sie an Wochenenden mit Computerkursen. Solcherart ausgebildet, hofft sie, lässt sich vielleicht ein Auslandsjob finden, vorzugsweise in »Saudi«. Damit wäre sie aller Sorgen ledig. Den mäßig bezahlten Posten bei der Regierung würde sie von heute auf morgen hinschmeißen, Klimabus oder nicht. Ihre Nachbarin ist »reich«. Sie fährt als Schiffsköchin zur See und ist nur einmal im Jahr kurz daheim. Der Gatte macht derweil einen auf Hausmann. Nicht gerade eine ideale Ehe, aber der Lebensabend ist gesichert. So, und nur so, sieht es auch Eva Katigbak.

Dennoch zählt sie mit ihrer bescheidenen Existenz zu den Privilegierten der gigantischen Metropole. Ganz anders die Scharen armseliger Gestalten, die aus den Provinzen nach Manila migrieren, um dort das große Glück zu suchen. Sie kommen zu Tausenden, weil sie (immer noch, immer wieder) glauben, in der Riesenstadt sei alles besser.

Soziale Mobilität, ein Phänomen der letzten zwei oder drei Dekaden, macht einen raschen Umstieg von der einen in die andere Gesellschaft möglich. Die Mehrzahl der Wirtschaftsflüchtlinge siedelt sich in den Slums an, in der Regel zunächst bei Verwandten oder Bekannten aus demselben Dorf.

Dieses, das philippinische Dorf und seine eng verwobene Struktur, findet sich in der Großstadt als nachgebildeter Nukleus. Das Land ist dieserart in die Stadt gezogen, es hat sein traditionelles Wertesystem mitgebracht, und bald kommt die Erkenntnis, dass dieses mit der städtischen Ordnung über Kreuz

liegt. Der Anpassungsprozess an die andere Welt ist für den Dörfler ein schmerzhafter und, in vielen Fällen, ein nie endender.
Denn für die erfolglose Vielzahl der Asylanten bleibt die Stadt ein fremdes Wesen; die »Bessergestellten«, selbst so eine wie Eva Katigbak, sind für sie anders Geartete, »Feinde« gar. Die Hostilität, die häufig die Beziehungen zwischen »uns« und »denen« bestimmt, kommt in der Stadt auf engem Raum zum Ausbruch. Früher wohnte der Angehörige einer ungeliebten Nachbargemeinde auf einer entfernten Insel, jetzt haust er um die nächste Ecke. Das Resultat: blutige »Stammesfehden« und durch Alkohol oder Drogen beflügelte sinnlose Akte der Gewalt gegen Personen und Eigentum, über die schon längst nicht mehr Buch geführt wird.

Eine Kirche, ganz aus Eisen: San Sebastian

Gesundbrunnen: chinesische Apotheke

Lebendiges Chinatown (unten)

In der Boulevardpresse ist täglich nachzulesen, wie jemand bei der geringsten Provokation, oft nur eingebildet, zum Messer greift, wie sich Streithähne über den Besitz einer Zigarette oder leeren Flasche über den Haufen knallen. Wer erst einmal in diesem Hexenkessel der Gewalt angelangt ist, befindet sich auf dem Weg ins Abseits. Und es gibt kein Zurück. Allein der gebrochene Stolz des Gescheiterten lässt eine Rückkehr in die Gemeinschaft nicht zu. Trotz alledem ist selbst im trübsten Slum das typisch philippinische Zusammengehörigkeitsge-

Auf dem Quiapo-Markt ist immer etwas los

fühl präsent, die Solidarität unter- und Loyalität zueinander, die diese Gesellschaft so stark machen.

Selbst in den riesigen Slums eine Art Dorf-Atmosphäre

Das Konzept des »Dorfes in der Stadt« wird von emsigen Sanierern und Entwicklungshelfern immer wieder übersehen, die bemüht sind, dem Elend mit Wohnsilos und anderen infrastrukturellen Zuwendungen zu begegnen. Denn in den Notunterkünften aus Kistenbrettern und Wellblech herrscht weiterhin eine an ein wirkliches Heim gemahnende, natürlich gewachsene Klein-aber-mein-Atmosphäre, die dazu führt, dass

Das »Casa Manila« lässt die spanische Ära wieder aufleben

einem dort überall ein Lächeln widerfährt. In den tristen, das Gemüt erstickenden Betongrüften begegnet man ihm nicht. In diese »malerischen« Bezirke der Megastadt, zu allererst auf deren pestbeulenhafte Müllkippen, zieht es die ausländischen Reporter und Fotografen, um in die satte Heimat zu berichten: »So leben die Filipinos!« Und daheim glaubt man ihnen auch, dass 75 Millionen Menschen derart er- und bedrückende Existenzen führen.

Muss man ein Land besuchen, um sich am Elend seiner Auswurfzonen zu weiden? Schon eine flüchtige Bestandsaufnahme erweist, dass es in Manila eine Menge Leute gibt, die mit ihrem Leben ganz zufrieden erscheinen, auch wenn die meisten, wie Eva Katigbak, straff in den Erwerbsprozess eingespannt sind. Die Stadt pulsiert mit menschlicher Energie. Fast zu jeder Tageszeit sind die Verkehrsmittel prall gefüllt mit Fahrgästen. Hunderttausende von Autos verstopfen die Straßen. Auf den riesigen öffentlichen Märkten herrscht permanenter Hochbetrieb. Die Kaufhäuser, zumeist elegante klimatisierte »Malls«, quellen über von Waren hoher Qualität und summen vor Geschäftigkeit. Manilas viele Kirchen haben ein unablässiges Ein und Aus zu verzeichnen. Keines der zahllosen Restaurants, das nicht ständig mit lärmenden Essern besetzt wäre. Das Nachtleben vibriert mächtig. Und so fort.

Bedeutende Stadt – schon vor den Spaniern

Eine Stadt namens Maynilad – der Name geht auf eine Pflanze an den Ufern des Pasig-Flusses zurück – gab es schon vor der Ankunft der Spanier. Dem Konquistador Miguel López de Legazpi stach diese an einem der besten Naturhäfen der Welt gelegene Lokalität ins Auge, und nach einigen Plänkeleien seiner Vorhut mit den statthaltenden muslimischen Rajahs und einem entscheidenden Seegefecht in der Manila-Bucht richtete er sich dort häuslich ein. Im Anschluss an den Bau der Befestigung Fort Santiago, benannt nach dem heiligen Tiago de Matamoro, Sieger über die Mauren, wurde Manila am 24. Juni 1571 Hauptstadt der Philippinen.

Keineswegs kann man in einem historischen Rückblick sagen, dass die Eroberer mit überlegener Feuerkraft ein paar nack-

Neben dem Rathaus von Manila steht das rechts abgebildete Denkmal mit der Aufschrift KKK. Das Kürzel empfiehlt sich, denn es bedeutet »Kataastaasang Kagalanggalangang Katipunan (ng mga Anak ng Bayan) – höchst angesehene und ehrenwerteste Vereinigung (der Landeskinder)«. Dieser Gruppe von Separatisten, 1892 von Andres Bonifacio gegründet, gelang der Umsturz jedoch nicht. Bonifacio wurde 1897 von seinem Landsmann Emilio Aguinaldo verraten und exekutiert.

Freiheitskämpfer Andres Bonifacio wird hier geehrt

te Wilde unterworfen hatten. Maynilad wurde zum damaligen Zeitpunkt bereits auf 6000 Einwohner geschätzt und stand auf einem hohem Entwicklungsniveau. Die Verteidiger der Stadt waren mit Schusswaffen sehr wohl vertraut und stellten sogar selber Kanonen nach Techniken aus Borneo und China her; die Spanier erbeuteten einige »dicke Berthas« mit Einzelgewichten von 920 kg! Die Europäer hatten nur die bessere Taktik und verstanden sie auch konsequent anzuwenden. Dieses Vorgehen sollte sich die nächsten 300 Jahre bewähren.

Von Manila gelenkt: Handel zwischen China und Mexiko

Unter spanischer Ägide mutierte Manila zu einer urbanen Einheit, deren Lebensqualität, um einen modernen Begriff zu wählen, geradezu legendäre Formen gewann. Jedenfalls schilderten die neuen Herren die Verhältnisse wiederholt in glühenden Farben. Es ging ihnen auch glänzend. Von Ackerbau und Viehzucht hielten die iberischen Hidalgos jedoch ganz und gar nichts.

Schon 1571, im Gründungsjahr der Hauptstadt, verfielen sie auf die Idee, zwischen China mit seinem enormen Warenangebot und dem reichen Mexiko

Segeljachten vor Puerto Galera

eine Handelsbeziehung herzustellen, die von Manila aus dirigiert wurde. Bis 1815 pendelten deshalb mit peinlich eingehaltener Regelmäßigkeit, nur von Kriegen und natürlichen Kalamitäten unterbrochen, alljährlich schwer beladene Galeonen zwischen Manila und Acapulco hin und her. Alle Beteiligten holten sich goldene Nasen bei diesem Geschäft, und

Touristische Infrastruktur: Taucher-Shop

die philippinische Hauptstadt blühte auf und gedieh.

Wer reich ist, hat auch Neider. Während ihrer gesamten Präsenz in Manila mussten sich die Spanier unablässig gegen Angreifer wehren. Nicht nur bestand ständig ein gespanntes Verhältnis zu den einheimischen Tagalen. Auch bornëische Muslime, chinesische Warlords, japanische Seeräuber, portugiesische, holländische und britische Rivalen machten ihnen zu schaffen. 1762/63 übernahmen die Engländer sogar das Regime in Manila, eine, wie kaum betont werden muss, eher unersprießliche Periode. Zu diesen Heimsuchungen gesellten sich immer wieder katastrophale Erdbeben, Taifune und Feuersbrünste. Bereits Mitte des 19. Jahrhunderts beschreibt der deutsche Forscher Jagor das Leben in der mittlerweile auf 200 000 Anwohner angewachsenen Großstadt als »nicht angenehm« und »theurer als in Singapore und Batavia«. Und: »Bei Vielen scheinen die Ausgaben in grossem Missverhältniss zu ihrem amtlichen Gehalt zu stehn.« Das klingt schon verdächtig neuzeitlich.

Wegen der Amerikaner wurde die Stadt Kriegsschauplatz

Die Spanier wurden schließlich vertrieben, um den Amerikanern Platz zu machen, die ihre »kleinen braunen Brüder« noch nicht reif für die Unabhängigkeit erachteten. Immerhin bauten die großen weißen Brüder Manila zu einem ansehnlichen Gemeinwesen aus. Doch auf Grund ihrer Präsenz wurde das Land 1941 zum Kriegsschauplatz. Als das Gemetzel in die Endphase ging, hinterließen die abziehenden Japaner Manila nach dem Prinzip der verbrannten Erde als Trümmerhaufen. Dem setzten die weißen Brüder, wie es ihre Art ist, noch eins drauf und bombten König Philipps vornehme und immer treue Stadt endgültig ins urbane Jenseits. Nach Warschau war Manila die am stärksten zerstörte Kapitale des Zweiten Weltkriegs, selbst Berlin

Der Vulkan Taal gilt als einer der gefährlichsten Feuerspeier der Welt. Fachleute vermuten unter der Oberfläche des Sees mindestens 35 weitere vulkanische Kegel. Der einzige nach außen gelangte Krater hat seit der Dokumentierung seiner Eruptionen (ab 1572) eine Kette schwerster Ausbrüche zu verzeichnen. Der katastrophalste im Jahre 1911 forderte 1334 Opfer.

In Sabang (Mindoro) hat man's nicht weit zum Wasser

Vom hohen Ufer bei Tagaytay bietet sich ein prächtiges Panorama des Taal-Sees

und Tokio blieben heiler. Der Wiederaufbau gestaltete sich nicht in jeder Beziehung planvoll. Wer zuerst da war, schnappte sich die besten Brocken und baute hemmungslos drauflos. Unter dem damals begonnenen Wildwuchs leidet Manila noch heute.

Den Gnadenstoß erhielt die Stadt indes, kaum dass sie einigermaßen Form angenommen hatte, durch die nach dem Krieg rapide einsetzende Motorisierung. Die von der Flut pestender Motorfahrzeuge bewirkten Zerstörungen lassen die der Japaner und Amerikaner eher moderat erscheinen. Es ist ja das Schicksal aller Großstädte der Welt, vorrangig der dritten, vom Autoverkehr sozusagen aufgefressen zu werden. In Manila hat man den Eindruck, dass dieser Prozess gründlicher als anderswo vorangetrieben wird. Wer einmal auf der Taft Avenue, der wohl rußigsten Straße des Landes, die zum Schneiden dicke Luft gesehen hat, dürfte sich dieser Auffassung anschließen.

Nur einmal in jüngerer Vergangenheit hatten die Fußgänger in Manila Vorrang. Zu Millionen überschwemmten sie, jeglichen Straßenverkehr zum Stillstand bringend, die großen Arterien der Stadt, und nach einer von diesen wurde das Geschehen später auch benannt.
Die EDSA-Revolution vom 22. bis 26. Februar 1986, die den Diktator Marcos aus dem Sattel fegte, fand vornehmlich auf der großen Stadtautobahn Epifanio de los Santos Avenue statt, deren Anfangsbuchstaben in die Annalen der philippinischen Neuzeit Eingang fanden. Der von hoher politischer Reife zeugende Volksaufstand erregte außerhalb der Philippinen nur flüchtiges Interesse.

Immer häufiger gibt es moderne Schnellfähren; hier eine bei Batangas

REISE-INFO *MANILA*

Karte: Seite 110/111, Planquadrat E 4/5.

Anreise: Mehrere Fluglinien, auch die Lufthansa, haben Manilas NAIA (Ninoy Aquino International Airport) ab Europa im Programm, in der Regel mit Zwischenstopps am Golf und in Bangkok oder Hongkong. Außerdem bestehen Verbindungen mit vielen Flughäfen in Asien und Australien sowie den USA.

Stadtverkehr: Wer kein Taxi nehmen will, muss sich im Busfahren üben. Die Metrorail (LRT) verbindet Norden (Caloocan) und Süden (Pasay) der Stadt; Fahrpreis P10. Von Pasay verkehrt Metrostar (MRT) nach Quezon City; ab P8,50.

Unterkunft: Die mangogelben Badewannen im »Manila Hotel« (Rizal Park, Tel. 527-0011, resvn@manila-hotel.com.ph), deren Farbe Frau Marcos persönlich ausgewählt hatte, sind Manilas Nonplusultra. Ein Bad kostet $ 300, und wer vom Penthouse den großartigen Blick über Hafen und City genießen möchte, muss dafür das Zehnfache anlegen. Plus 10 % Service Charge. Plus 10,7 % Tax. Im Schlafsaal des Manila International Youth Hostel (4227 Tomas Claudio, Parañaque, Tel. 832-0680) kommt man billiger davon: 180 Pesos, rund $ 4. Beliebt sind die »Malate Pensionne« (1771 Adriatico, Malate, Tel. 523-8304, info@mpensionne.com.ph) und die »Mabini Pension« (1337 Mabini, Tel. 524-5404) ab P550 bzw. P480 und mitten im »Tourist Belt« gelegen. Diverse Mittelklassehotels, deren Preise im unteren Bereich bei P720 (»Ermita Tourist Inn«, 1549 Mabini, Tel. 521-8770), im mittleren ab P1300 (»Kanumayan Tourist Inn«, 2317 Leon Guinto, Malate, Tel. 521-1161) und im oberen um P2000 liegen (»Bohemia Hotel«, 640 P. Ocampo, Malate, Tel. 523-4570; P1900).

Sehenswürdigkeiten: Auf Manilas 636 Quadratkilometern gibt es einiges zu sehen, das meiste ist auf den alten Stadtkern konzentriert. Start ist der **Rizal Park** (siehe Stadtplan unten, Planquadrat B 2). Der Anfang des 19. Jahrhunderts angelegte Park hieß ursprünglich Luneta (»kleiner Mond«) und wird informell immer noch so genannt. Am 30. Dezember 1886

Die touristisch interessanten Viertel des Zentrums von Manila liegen an oder unweit der Bay

Mit der Pferdekutsche durch Manila Intramuros

erschossen die Spanier an dieser Stelle den Freiheitsheroen Dr. José Rizal. Hier rief Corazon Aquino 1986 ihre Anhänger zum zivilen Ungehorsam gegen Ferdinand Marcos auf. Viel Grünfläche (Betreten nicht verboten), plätschernde Fontänen, Kinderspielstätten und nachmittags Musik locken vornehmlich an Wochenenden Tausende an. Das Rizal-Denkmal steht am Roxas Boulevard. Daneben Darstellungen der Exekutionsszene und mehrsprachige Bronzetafeln mit Rizals Abschiedsepos *Mi Ultimo Adios*. Ein chinesischer und japanischer Garten laden zum Ausruhen. Wenn allabendlich eine frische Brise aufkommt und Musik leise die Atmosphäre füllt, kann man schon vergessen, dass der Verkehr auf der Taft Avenue braust und stänkert.

Ein Hort der Ruhe ist auch das alte **Fort Santiago** (B 2), ein Nationalmonument. Erneut wird an José Rizal erinnert, der hier seine letzten Tage verbrachte. Das Fort schützte seinerzeit die »Ummauerte Stadt« **Intramuros** (B 2), in der das spanische Herz Manilas schlug; Filipinos und Chinesen blieben außen vor. Einen vagen Begriff von der Eleganz dieser Altstadt geben heute einige Nachbauten, denn Intramuros wurde im 2. Weltkrieg fast ganz zerstört. Zu den Opfern gehörte auch die prächtige **Manila Cathedral** an der Plaza Roma. Am riesigen Bronzeportal der von 1954 bis 1958 rekonstruierten Kathedrale lässt sich auf acht kunstvollen Flachreliefs die endlose Folge von Kalamitäten nachverfolgen, welche diese Kirche, ursprünglich aus dem Jahr 1581 und bereits die sechste an dieser Stelle, durchzustehen hatte. Mehr Glück war der **San Agustin Church**, nur ein Stückchen weiter, beschieden. Die älteste Kirche Manilas entstand 1572, brannte bis 1583 zwar zwei Mal nieder, aber überlebte alle weiteren Widrigkeiten der Zeit. Das heutige äußere Erscheinungsbild geht auf das Jahr 1599 zurück. Im Innern birgt diese Kirche viel Spektakuläres, namentlich ein Museum und prachtvolle Deckenmalereien (1875). Außerdem liegen hier die Gebeine einiger der bedeutendsten Persönlichkeiten der philippinischen Kolonialgeschichte, darunter Legazpis, allerdings von Schatz suchenden britischen Plünderern 1762 wüst durcheinander geworfen. Gegenüber der Kirche befindet sich das **Casa Manila**, ein musealer Nachbau einer typischen spanischen Residenz des 19. Jh., vom erlesenen Geschmack der heutigen Architekten kündend. Eines Tages soll die Altstadt wieder völlig hergestellt sein; bislang liegt noch manches im Argen.

Die **Kirche von Quiapo** (B 1) ist, obwohl relativ neu (1899), einen Besuch wert. Das wegen einer Christusfigur aus dunklem Holz auch als »Kirche des schwarzen Nazareners« bekannte Gotteshaus zieht ständig riesige Scharen von Gläubigen an. Um die Kirche herum dehnt sich bis auf die Fahrbahnen der von Waren überfließende **Quiapo-Markt**, auf dem sich, wie auf allen fünf Großmärkten Manilas, gute Einkäufe machen lassen.

Die berühmte Bambusorgel von Las Piñas

Eine weitere Kirche muss man gesehen haben: Die **San Sebastian** (C 1) im Stadtteil San Miguel symbolisiert den Werdegang Manilas. 1621 entstand der erste Holzbau, er brannte wenig später ab. Die Ersatzkirche fiel 1645 einem Erdbeben zum Opfer, die nächste demolierten 1762 die Engländer. Ein kleines Beben ließ den Neubau 1859 kollabieren, ein großes machte vier Jahre später, wie mit ganz Manila überhaupt, reinen Tisch. Die neue Kirche von 1867 wurde 1880 »zerbebt«. Da reichte es den Spaniern: Sie bauten bis 1891 eine Kirche aus Eisen, die, auf Rollenlagern stehend, gegen Erdbeben geschützt ist. Bis heute steht sie wie eine Trutzburg.

Nahe der San Sebastian lassen sich im **Regierungspalast Malacañang** (C 2) Einblicke in das Leben früherer Präsidenten nehmen. Leider sind Imelda Marcos' 3000 Paar Schuhe nicht mehr da. Nur wenige Meter sind es von dort nach **Chinatown** (B 1) in den Stadtteilen Binondo und Santa Cruz. Das Chinesenviertel hat schlimmere Zeiten gesehen als heute, aber auch bessere. Es geht zwar quirlig zu, doch alles wirkt mitgenommen. Die Chinesen stellen ihren Wohlstand halt nicht zur Schau – außer auf ihren Friedhöfen. Was auf dem **Chinese Cemetery** in Santa Cruz an Baulichkeiten existiert – sogar klimatisierte Grabmäler – lässt manchen Filipino in seinem Hüttchen vor Neid erblassen ...

Die Protzvillen des Geldadels im »Millionärsgetto« **Forbes Park** (E 4) der Geschäftstadt Makati lösen solche Gefühle sogar bei westlichen Betrachtern aus. Wie wohl sich dessen Residenten hinter Stacheldraht und meterhohen Mauern wirklich fühlen, ist eine andere Frage. **Makati** (C/D/E 4) ist ansonsten ein angenehmes Pflaster, sauber und modern. Das dortige Ayala Museum (Makati Avenue; D 4) verdient einen Besuch. Dies gilt auch für die farbenfrohen Darbietungen des Cultural Center (Roxas Blvd., Malate; B 4) und für das Nayong Pilipino (beim Flugplatz; D 6) mit den Philippinen im Sandkastenformat.

Sehenswert sind auch die weltweit berühmte Bambusorgel im südlichen

Stadtteil **Las Piñas** und die unweit davon gelegene Jeepney-Fertigung Sarao.

Essen: »Aus dem ersten Impuls heraus möchte man jedes Restaurant in Manila vorstellen ...« So beginnt der Jahresbericht der Tourismusbehörde, um sofort zu der Einsicht zu kommen, dass dies unmöglich ist. Allein in dem Touristenbezirk Malate/Ermita/Intramuros reihen sich die Speisestätten: »Al Sham's«, »Aristocrat«, »Barrio Fiesta«, »Bistro sa Remedios«, »Café de Malate«, »Endangered Species«, »Guernica's«, »Hobbit House«, »Ilustrado«, »Kamayan«, »Kenta«, »Korean Village«, »Max's«, »Nippon Ichi«, »Patio Mequeni«, »Pinausukan«, »Sala Thai«, »Seafood Market«, »Zamboanga« – keine schlechter als die nächste. Chinesisch isst man am besten und billigsten in Chinatown. Fast Food gibt es überall in rauen Mengen. Am vielfältigsten speist man im Untergeschoss großer Kaufhäuser, wo sich um riesige Speisesäle zahllose Kleinrestaurants gruppieren. Wer knapp bei Kasse ist, suche einen Nudelschuppen auf: Dort gibt es ein Mahl für drei Pesos.

Nachtleben: Die einst wüste Rotlichtszene in Ermita gehört der Vergangenheit an. Lautes Honkytonk ist out; anspruchsvolle Cafés, Bistros, Discos, Kneipen und Jazzlokale haben die kruden Nachtclubs verdrängt. Die Szene hat sich über alle Stadtgebiete verteilt. In Ermita, wo einst die Bars dicht an dicht standen, haben sich ein paar bessere Etablissements erhalten. In der Bürostadt Makati ist die P. Burgos Street (E 3) das Zentrum der Action. Eine lebendige Bohemien-Atmosphäre bestimmt das Bild aber vor allem in Malate, spezifisch im Bereich des Remedios Circle bei der großen Kirche. Straßenfeste, spontane Partys und Vernissagen, Hetero- und Homo-Sausen, sozusagen eine endlose Love Parade spielt sich dort ab.

Aktivitäten: Auch wer ein Herz für Gockel hat, sollte einmal einen richtigen philippinischen Hahnenkampf miterleben, schon um sich von dem überschäumenden Temperament der Zuschauer anstecken zu lassen. Aktuelle Auskünfte gibt's in der Herberge – jeder Filipino weiß da Bescheid. Ein Basketballspiel sollte man sich ebenfalls nicht entgehen lassen, denn dabei schlägt die Begeisterung noch höhere Wellen. Oder einfach mal einen Tag lang kreuz und quer mit Jeepneys durch die Stadt fahren – was allerdings ganz schön schlaucht.

Einkaufen: In den riesigen Konsumtempeln der Stadt lässt sich in klimatisiertem Komfort so ziemlich alles erstehen, was das Herz begehrt. Allein im Araneta Center (Edsa/Ecke Aurora Blvd., Quezon City) gibt es an die 2000 Spezialgeschäfte für Waren aller Art mit Einschluss eines großflächigen »Farmer's Market« mit Frischprodukten. Weitere Einkaufszentren in diesem Bereich sind die SM (»Shoe Mart«) Malls mit einer geradezu erschlagenden Warenpalette. In San Juan (Greenhills), im Herzen von Makati (Atrium, Greenbelt, Landmark) sowie im »Tourist Belt« von Malate/Ermita (Harrison Plaza, Robinson's) befinden sich ebenfalls mehrere große Shopping-Center, in denen man auch Reisesouvenirs erhält.

Ausflüge: Trotz seiner Dimensionen besitzt Manila ein recht intaktes Umland. Ausflüge sind in alle Himmelsrichtungen möglich, und manche führen direkt in die grüne Wildnis. Allerdings kann es schon zermürbend lange dauern, überhaupt erst aus der City herauszukommen. Wenn sich das Reiseziel auf der gegenüber liegenden Seite der Stadt befindet, müssen u. U. zunächst bis zu 50 km urbaner Wüste durchquert werden. Dabei geht viel Zeit verloren.
Ungewöhnlichen Charakter hat eine Tour nach der **Insel Corregido**r am Eingang der Manila-Bucht. Das Eiland war im 2. Weltkrieg schwer umkämpft. Die Befestigungsanlagen und riesigen Geschütze der heute in ihrer Gänze als Kriegsdenkmal geltenden Insel können dort besichtigt werden. Info zu Anreisedetails gibt es beim DOT.
Besonders vielseitig ist das Reiseangebot in Richtung Süden. Bereits in **Los Baños** mit heißen Quellen und kühlen Pools sowie dem bewaldeten Mt. Makiling (1144 m) kann man Landluft atmen und leckeres Tropenobst erstehen. Eine knappe weitere Busstunde führt nach **Pagsanjan**, wo man mit Einbäumen die Stromschnellen hinunterjagt – ein Vergnügen, das man am besten schon bei einer Agentur in Manila vorarrangiert. Südlich davon liegt der schöne **Banahaw-Vulkan** (2188 m), ein herrliches Kletterziel. Im Bereich von **San Pablo** locken zahlreiche Seen; beliebt bei Manileños ist die dortige Resort-Anlage Villa Escudero.
Weiter westlich dehnt sich der **Taal-See**, eine riesige Caldera mit einer kleinen Insel in der Mitte, auf der der tückische Vulkan Taal (311 m) leise köchelt. Ein prächtiger Blick über den See bietet sich von **Tagaytay** auf 750 Metern.
Entlang der Küste der Provinz Batangas gibt es zahlreiche Beach Resorts; zu nennen sind **Calatagan**, **Matabungkay** und **Punta Baluarte**. In **Anilao** und **Mabini** wird getaucht. Von der (reizlosen) Hafenstadt Batangas setzen Fähren nach **Puerto Galera** auf Mindoro über, das mit viel heiler Natur, schönen Stränden und Tauchrevieren glänzt.
Nördlich von Manila dehnt sich Reisland, das sich von den Auswirkungen der gewaltigen **Pinatubo**-Eruption im Juni 1991 längst erholt hat. Dies trifft auch für die zentrale Stadt **Angeles** zu, die seinerzeit schwer betroffen war, aber wieder flott auf den Beinen ist. Von dort aus kann man Touren in die bizarre Welt der Tuffcanyons an den Pinatubo-Hängen machen oder im Ultraleichtflugzeug darüber wegfliegen. Wenig besuchte Strände finden sich an der **Zambales-Küste.**

Information: Department of Tourism (DOT), T. M. Kalaw St., Rizal Park, Ermita, Tel. 524-1703.

Im »Rizal Shrine« im Fort Santiago wird des Nationalhelden gedacht

»Sarao Motors« baut den berühmten Jeepney

Und so sieht das Endprodukt aus

Wiederholt hat man versucht, ihn – im Wortsinn – »aus dem Verkehr zu ziehen«. Gegen die Lobby der Jeepneyfahrer (und ihrer Passagiere) aber ist kein Ankommen. Natürlich lagen nie ökologische Motive gegen das furchtbar stänkernde Fahrzeug zu Grunde, das alle Großstädte, namentlich Manila, auf das Ärgste verpestet. Nein, andere Lobbyisten wollten auch ein Wörtchen mitreden: Busgesellschaften, Automobilhersteller. Doch ihren Jeepney, der aus einem Armeejeep hervorging, geben die Filipinos nicht auf. Erstens haftet dem bunten Kleinbus ein schönes Macho-Image an. Und zweitens ist der Jeepney, Hand aufs Herz, eines der praktischsten Transportmittel aller Zeiten.

Mit Fließbandarbeit ist hier nichts

Die Karosse erhält den letzten Schliff

Der meiste Platz ist auf dem Dach

Terrassen-Wunder in den nördlichen Bergprovinzen

Gr. Foto: In Banaue sind ganze Berge für den Reisanbau terrassiert. Kl. Foto: Frauen aus Batad bei der Reisernte.

Die kühnen Reisterrassen bei Banaue sind zweifellos die bedeutendste Sehenswürdigkeit auf der »Hauptstadtinsel« Luzon, in deren Bergregionen noch ethnische Minderheiten leben. Im Hochsommer kommen gern die Großstädter ins Bergland, um dort ein wenig Kühle zu finden – etwa in Baguio. Sportliche Herausforderung ist der knapp 3000 Meter hohe Mt. Pulog, der zweithöchste Berg des Landes.

Kann jemand, der nicht gerade für eine Quiz-Show trainiert, die sieben Weltwunder wie am Schnürchen herunterbeten? Ganz recht – das gehört nicht unbedingt zur Allgemeinbildung, zumal sie allesamt Teil des grauen Altertums sind. Und von manchen steht gar nicht mal fest, dass es sie überhaupt gab. Doch im philippinischen Norden stößt man noch auf richtige Wunder. Eines ist sogar unsichtbar – und existiert trotzdem. Ja, gibt's denn so etwas?
Lange hatten die Bewohner der nördlichsten Bergprovinz Kalinga-Apayao zu Lebzeiten Ferdinand Marcos' gerätselt, weshalb dort oben immer wieder kleine Grenzverschiebungen stattfanden, die samt und sonders keinen Sinn zu ergeben schienen. Erst als alle Modifikationen nach und nach ihren Weg in die Landkarten gefunden hatten, zeichnete sich ab, dass das seltsame Tun durchaus nicht planlos gewesen war.

Auf der Landkarte ein Marcos-Profil

Der inzwischen verblichene Diktator hatte sich hier ein Denkmal gesetzt, das

Reisgarben warten auf die Drescher

unbestritten größte der Welt und aller Zeiten. Es ist ein wahres – unfass- und unsichtbares – Wunderding. Die Grenzen der Bindestrichprovinz waren nämlich so lange zurechtgerückt worden, bis sie ein riesiges Profil seines Kopfes ergaben. Die ganze Aktion zog sich über Jahre hinweg, damit es niemandem auffiel. Milde blickt der selige Landesvater heute auf seine Geburtsprovinz Ilocos Norte im Westen hinab. Auch die Schmalzlocke

Formenvielfalt: Reisterrassen

Überschaubare Büschel bildet der noch junge Reis

Reisstroh gibt einen praktischen Sonnenschutz ab

Nichts läuft auf den Philippinen ohne Reis – mit ihm beginnt und endet der Tag. Es gibt zahllose Begriffe für verschiedene Sorten, Reifestadien und Zubereitungsformen, und man lacht über den unbedarften Ausländer, für den das alles gleich aussieht und schmeckt. Im berühmten IRRI (International Rice Research Institute) in Los Baños hat man Mustergültiges in Sachen Reisforschung geleistet. Dennoch wird Reis vielerorts wieder nach Art der Vorväter angebaut. Er schmeckt dann viel besser, heißt es.

Mit Reisstroh gedeckte Hütten gehören ins Bild: Terrassendorf Batad

im hohen Norden ist gelungen; an ihr hatten die Landvermesser besonders lange herumfrisieren müssen. Solch ein Wunder konnte in der Tat nur ein Ferdinand Marcos zu Stande bringen.

Mit seinen eitlen Kartentricks vermochte er an die erschlagende Großartigkeit der Reisterrassen von Banaue jedoch nicht einmal entfernt heranzureichen. Die sind sichtbar – und oh, wie sehr sogar! –, aber fassbar sind auch sie in ihren ungeheuren Dimensionen nicht. Man hat sie, unter Einschluss der Terrassen von Batad, mit dem Attribut des »achten Weltwunders« belegt. Obwohl böse Zungen behaupten, dies sei nur geschehen, um mehr Touristen anzulocken, muss selbst der distanzierteste Betrachter einräumen, dass es sich um ein Wunderwerk handelt, welches seinesgleichen auf Erden sucht.

Allein das Beschreiben fällt schwer – die Worte fehlen angesichts der schieren Größe. Zwar kann man einen Längenvergleich heranziehen: Hintereinander aufgereiht würden die Einfriedungen der Terrassenfelder 23 000 Kilometer messen, sich also mehr als halb um den Globus winden. Doch Ästheten und Wissenschaftler haben in ihren Darstellungen ganz anderes Vokabular als dürre Zahlen auf Lager. »Hier hat ein Eingriff ohne Parallele in die Erdoberfläche stattgefunden«, resümiert der Anthropologe Roy Franklin Barton, »ein derart massiver Eingriff, dass sich sogar der Suez- und der Panamakanal dagegen quantitativ unbedeutend ausnehmen.«

»Die Eigenart [der Terrassen] liegt nicht in ihrer Beschaffenheit, sondern in ihrer Intensität«, besingt ein anderer Forscher die Wunderterrassen und fügt hinzu, dass es das Bauverfahren zwar auch in Japan, China und Indonesien gibt, dass dortige Anlagen von der Enormität und Kühnheit der philippinischen Werke jedoch bei weitem in den Schatten gestellt werden.

Manche Konstruktionen sind wahrhaft kühn

Zweifel an den Leistungen der einfachen Bergvölker

Schön und gut – aber wer hat diese gigantischen Erdbewegungen überhaupt vorgenommen? Über diese Frage haben sich Scharen von Gelehrten die Köpfe zerbrochen. Hunderte von Abhandlungen sind geschrieben und nicht minder zahllose Hypothesen vorgebracht worden. Doch die Antwort liegt weiterhin im

Nebel der Zeit verborgen. Die spanischen Eroberer der Philippinen, die 1572 auf der Suche nach Gold erstmalig diese wilde Welt betraten und das Wunderland an seinen Rändern zögerlich erschlossen, bezeichneten dessen Bewohner als Ygolotes, ein Wort, das bald als »Igoroten« zu einem Sammelbegriff für alle Bergvölker werden sollte. Die zentrale Region war die Heimat der Ifugao (»Menschen der Himmelswelt«), ein stolzes und kriegerisches Volk, dessen Unterwerfung an zähem Wehrwillen und der Unzugänglichkeit seines Siedlungsraums scheiterte.

Schlichtes Leben – einst wie heute: die Ifugao

Erst im 19. Jahrhundert gelang es allmählich, die Ifugao an die christliche Zivilisation heranzuführen, und erst dann auch stießen kühne Forschungsreisende zu den weit abgelegenen Reisterrassen von Banaue vor. Die auf einfachstem Niveau lebenden Heiden mit diesem kolossalen Werk in Verbindung zu bringen, galt jedoch als absolut abwegig. Sie waren allenfalls Hüter der uralten Tradition eines unbekannten ausgestorbenen Volkes weit höheren Kulturstandes, theoretisierte man lange.

Diese Gesinnung hat sich bis in die Neuzeit erhalten. Die Ifugao sind immer noch da, ihr Lebensstil ist weiterhin von anachronistischer Schlichtheit geprägt. Sie beten nach dem Kirchgang und dem artigen Absingen englischsprachigen Liedguts ihre alten Götter an, und sie bewirtschaften die Reisterrassen mit dem ruhigen Selbstverständnis ihrer Vorfahren, die präzise das Gleiche taten. Rote Blumen blühen am Rand der Reisfelder; dort kamen Krieger bei Kämpfen mit anderen Stämmen ums Leben – die Bergvölker hatten ständig Zoff miteinander, manchmal von Dorf zu Dorf.

Die Gelehrten beginnen sich jetzt mit dem Gedanken anzufreunden, dass es vielleicht doch die Himmelswelt-Menschen selbst waren, die, aus mongolischen Gefilden zugewandert, von der Stunde Null an das monumentale Werk schufen und es über ungezählte Generationen hinweg immer gigantischer dimensionierten.

Nur – wann war diese Sternstunde? Sie liegt vielleicht in alttestamentarischer Zeit, vor 3000 Jahren. Womöglich muss die Zahl sogar noch nach unten

Baguio: Ausblick vom Mines View Park

Tricycles gibt es landesweit (unten)

korrigiert werden. Jeder neue archäologische Fund stellt die Uhr weiter zurück und dem Bau der frühesten Pyramiden immer näher. Die waren übrigens, man erinnere sich, das erste Weltwunder.

Außer den Ifugao bevölkern die Apayao, Bontoc, Ibaloi, Kalinga und Kankanay die zu einer halb autonomen und inoffiziell »Northern Skyland« genannten Verwaltungsregion zusammengefassten fünf Bergprovinzen Abra, Benguet, Ifugao, Kalinga-Apayao und Mountain Province. »Bevölkern« ist eigentlich das falsche Wort. Das Skyland hat die geringste Siedlungsdichte der Philippinen, was mit dem extrem rauen Terrain und den relativ niedrigen Temperaturen zu tun hat – dort oben will nicht jeder wohnen. Außerdem haftet den Bergstämmen unverändert ein gewisser Ruf der Wildheit an. Während der Erschließungsphase der Cordillera durch Spanier, Amerikaner und philippinische Tieflandbewohner waren sie gefürchtete Kämpfer und, ganz besonders unangenehm, Kopfjäger.

Kalinga – bis heute nicht an »Zivilisation« interessiert

Mit einigen von ihnen, namentlich den Kalinga, ist noch heute nicht gut Kirschen essen. Ein deutsch konzipiertes Staudammprojekt am Chico River führte schon in den siebziger Jahren zu einem regionalen Kleinkrieg, der sich bis vor kurzem hinzog. Jetzt ist das Vorhaben ausgerechnet auf Betreiben der Weltbank, bei der in jüngerer Zeit einiges an Umdenken in Sachen Entwicklungshilfe stattgefunden hat, auf Eis gelegt worden. Das hat bei den Kalinga zu erweitertem Selbstbewusstsein geführt, zumal Ökotourismus einen kleinen wirtschaftlichen Aufschwung bringen konnte. Besucher werden durchaus freundlich empfangen. Nur mit großtechnischen Entwicklungsprojekten dürfen sie den Kalinga nicht kommen – dann wird die Kopfaxt unter Umständen noch mal hervorgeholt. Obwohl mancher neuzeitliche Firlefanz Einzug in die weltenfernen Täler der Cordillera gehalten hat und ethnisches Jungvolk zunehmend den westlichen Einheitslook mit Jeans und T-Shirts gegen-

Baguio: Maler Ben Cabrera präsentiert eines seiner Werke

Arbeitet im Tam-Awan Village: Jojo Elmeda liebt vor allem indigene Motive

Für eine kleine Essenspause ist auch in Baguio immer Zeit

Siesta in Bontoc – nur die Polizei hat zu tun

Filipinos halten viel von »ihren« Künstlern – nicht zuletzt des Nationalprestiges wegen. Die Kreativen müssen sich nicht über mangelnde Publicity beklagen. Ob aber die Kasse stimmt, ist eine andere Frage. Den klassischen armen Maler, den darbenden Autor – beide gibt es zuhauf im Lande. Doch Genügsamkeit ist ja eine echt philippinischeTugend!

über dem bunten Stammesdress vorzieht und damit ununterscheidbar in der großen Menge untergeht, haben sich die Bergmenschen viele Traditionen bewahrt. Wanderungen in ihrem Reich sind nach wie vor Reisen durch vergangene Jahrhunderte.

Leicht erreichbar: ferne Vergangenheit und Moderne

Zu dieser Erkenntnis kommt man umgehend, sobald man von den wenigen, zumeist schlechten Straßen und obligatorischen Touristenrouten abweicht. Zwar sind die zentralen Anlaufpunkte Banaue, Bontoc und Sagada vom internationalen Fremdenverkehr nicht unberührt geblieben, denn die Bergprovinzen liegen im Zeichen der Verkehrserschließung heute lediglich einen Katzensprung von Manila entfernt. Doch nur ein paar Schritte darüber hinaus befindet man sich schon wieder in einem Umfeld, das zur Zeit von Christi Geburt nicht viel anders ausgesehen haben kann.

Die Welt der Technik mit ihren zahllosen Abhängigkeiten und Komplexitäten – wie unendlich fern erscheint sie hier! Steinzeit? Das Neolithikum liegt in Wahrheit nahebei. In Baguio City im Süden der Region, 1400 Meter hoch gelegen und jungen Datums, lässt die US-Firma Texas Instruments riesige Mengen winziger Siliziumsteinchen miteinander verdrahten und exportiert sie für jährliche 600 Millionen US-Dollar ins Ausland.

Gleichzeitig gilt die Stadt als Tor zu den archaischen Gefilden des Nordens. Die Spanier versuchten hier bereits im 16. Jahrhundert – ohne Fortüne – die Igoroten zu unterwerfen. Erst 1864 richteten sie im Bereich des heutigen Stadtgebiets einige *rancherias* ein; bald darauf folgten Kirchen und Schulen. Auch wurde der Kaffeeanbau eingeführt, heute ein wichtiges ökonomisches Standbein der Bergprovinzen. (Paradoxerweise trinkt jedoch kaum ein Filipino diesen vorzüglichen Kaffee, sondern nur den verarbeiteten »Instant« mit wenig nennenswertem Geschmack.)

Schon früh, 1900, kamen die Amerikaner und etablierten in dem aufblühenden Ort eine Provinzregierung, noch bevor das Land von Manila überhaupt zentral verwaltet wurde. Den neuen Kolonialherren gefiel das kühle Klima

Sagada: Ortskern

»Hahn im Korbe? Das sind Hühner!«

Die ärmlichen Hütten, die primitiven Strukturen, die »grassierende Arbeitslosigkeit« – das alles schockt den Besucher und lässt ihn zu dem Eindruck gelangen, dass die Mehrzahl der Filipinos im tiefsten Elend lebt. Doch Armut und Einfachheit sind zwei Paar Schuhe. Die typische Landfamilie besitzt einen Reisacker, der die Grundnahrung liefert. Hühner und ein, zwei Schweine sorgen für Protein. Mehr noch kommt aus dem Meer, das der Papa mit seinem Bötchen befährt. Auch ist der älteste Sohn vielleicht Seemann und unterstützt die Geschwister. Selbige packen bei allen häuslichen Pflichten mit an. Die Oma ist für den kleinen Kramladen zuständig. Und so weiter. Man muddelt sich durch. Auch ohne »Arbeitgeber« – man möchte auch gar keinen haben.

Im Bergland wird das Gemüse frisch verarbeitet (unten)

Touristenattraktion: Sagadas »Hängende Särge«

Baguios (18 Grad C im Jahresmittel). Sie gestalteten die Stadt deshalb nach ihren Vorstellungen, mit blumenumhegtem Asphalt und der Keep-Smiling-Atmosphäre eines Südstaatenkaffs. Alles sehr sauber und ordentlich, aber auch bis auf den heutigen Tag irgendwie provinzamerikanisch, mit einem typischen Main Drag (Session Road) und jeder Menge Kirchen, Schulen und diversen der Erholung dienenden Anlagen.

Aus dem Glutofen Manila ins kühle Baguio

Filipinos mögen Baguio. In die traditionelle »Summer Capital« flüchten sie, wenn sich Manila im April und Mai in einen Glutofen verwandelt und das Leben in der Riesencity immer unerträglichere Formen annimmt. Deshalb wird Baguio namentlich in diesen beiden Monaten von Tausenden einheimischer Touristen heimgesucht; allein in der Osterwoche kommen 300 000 Kurgäste alljährlich. Die Massen ergießen sich kauffreudig über den Main Drag und verteilen sich ansonsten in der städtischen Kulisse, hinterlassen in den Parks ihre unübersehbaren Spuren und füllen die stille Bergwelt mit manch fröhlichem Dezibel.

Baguio trägt die Kosenamen »Stadt der Pinien«, der Blumen und der Verliebten, was zu zusätzlichen Lockungen beiträgt. Man könnte hinzufügen: »der Taschendiebe«, denn diverse Trickser schließen sich dem Exodus aus Manila an und finden in Baguio reiche Jagdgründe. Nur dort, wohlgemerkt. Die Mehrzahl der

Das Ringnetz beschert dem Fischer in La Union bescheidene Erträge

Besucher bleibt nämlich in der Stadt, vergnügt sich im Burnham Park und im Club John Hay, wo sich bis 1991 GIs aus den US-Stützpunkten verlustierten. Für lange Fußtouren sind philippinische Städter nicht zu haben.

Wenige Mutige, mehr Touristen als Einheimische, verirren sich in die Berge, gehen gar auf Wander- oder Klettertour zum Mt. Pulog, der mit 2930 Metern zweithöchsten Erhebung des Landes. Man scheut auch die Reise über die nebligen Serpentinen der sich bis zu 2255 Metern emporwindenden rauen

Ein Lachen für den Fotografen am Webstuhl in Sagada

Halsema Road nicht, die Baguio und Bontoc verbindet und schon manchen Absturz unvorsichtiger Kraftfahrer in tiefe Schluchten zu verzeichnen hat.

Von Särgen in Höhlen und einer Künstlerkolonie

Doch manche dringen sogar bis zu den heiligen Stätten der Bergbewohner vor. Dort sind sie allerdings längst nicht mehr gern gesehen. Seit in einigen berühmten Gräberhöhlen Skelettknochen als Souvenirs mitgingen und uralte Holzsärge mit eingeschnitzten Namenszügen verunziert wurden, hat man einige »tourist spots« dicht gemacht und die Spuren verwischt.

Hier kann man Inseln zählen; sind es wirklich hundert?

Zur frühen Morgenstunde sind die »Hundred Islands« besonders beeindruckend

Los geht's auf Inseltour!

Baguio ist aber auch bei Menschen beliebt, die ohne geräuschvolle Ostertour im Programm die normalerweise ruhige Stadt zu ihrem Dauerdomizil erwählten. Zu ihnen gehört eine substanzielle Künstlerkolonie. Seit den frühen achtziger Jahren haben sich in Baguio zahlreiche Aussteiger niedergelassen: Maler, Bildhauer, Holzschnitzer, Musiker, Theaterleute. Sie kommen überwiegend aus Manila: Hoch gebildete, weit gereiste, weltenmüde Späthippies und -yuppies, die sich von der eindrucksvollen Kleinkunst der Ethnien inspirieren ließen.

Das bunte Völkchen empfindet die Baguioer Szene sozusagen als Gegenpol zu jener Manilas, die an ihrer eigenen Größe erstickt. Hinzu gesellt sich eine ansehnliche Gruppe von Migranten, die Baguio als Alterssitz wohl zu schätzen weiß. Zwar kam es 1990 zu einem bösen Erwachen, als ein schweres Erdbeben große Teile der Stadt zerstörte; es gab über 1000 Tote. Dennoch bleiben die meisten Oldtimer Baguio treu und genießen die Annehmlichkeiten des Klimas und der ausgezeichneten Versorgung mit frischem Obst und Gemüse. Das unfern gelegene Trinidad-Tal gilt als »Salatschüssel der Philippinen«, Exotika wie Erdbeeren und Äpfel sind reichlich auf dem großen City Market von Baguio vertreten. Und wen ein altersbedingtes oder sonstiges Zipperlein zwackt, weiß die berühmten Heiler der Philippinen in greifbarer Nähe ...

Und was weiß man von den berühmten Wunderheilern?

Das Cordillera-Kapitel begann mit Wundern, es soll auch mit ihnen enden. Was eigentlich hat es auf sich mit den berühmten Wunderheilern der Philippinen, die ganz besonders in Baguio von sich reden machen? Der bekannteste von ihnen war Antonio Agpaoa, der viele »Heilungen« vollbrachte. Bis ihn eines Tages der eigene Blinddarm peinigte. Worauf sich Herr Agpaoa unter falschem Namen in ein Krankenhaus in Manila einliefern ließ, um die Sache ganz konventionell bereinigen zu lassen. Aber jemand erkannte ihn, und der Schwindel flog auf. Damit war's vorbei mit den Wundern, und damit ist auch alles zum Thema gesagt. Nur eines noch: Baguios Hospitäler zählen zu den besten in Südostasien.

REISE-INFO
NORD-LUZON

Baguio

Karte: Seite 110/111, Planquadrat C 4.

Anreise: Air Philippines und Asian Spirit haben Baguio mit je vier wöchentlichen Flügen im Programm. Per Bus kann man ab Cubao (Quezon City) mit mehreren Gesellschaften direkt durchfahren. Die Reisedauer beträgt, wenn alles gut geht, sieben Stunden.
Bei der Reiseplanung sollte dem spezifischen Klima Baguios und der Bergprovinzen Rechnung getragen werden. Von Juni bis Oktober regnet es viel. November bis Mai gelten als beste Reisesaison. Im »Winter« ist es kalt. In Baguio sind im Januar 6,3 Grad C gemessen worden, und in höheren Lagen wird fast der Gefrierpunkt erreicht.

Unterkunft: In den Hotels, von denen es in der Standard-Kategorie allein dreizehn gibt, darf man »hot & cold water« (vor allem zur kälteren Jahreszeit sehr willkommen) voraussetzen. Die Preise liegen hier ab P1200 (»Baguio Palace«, Legarda Rd., Tel. 442-7734), im Mittelfeld um P2000 (»Skyrise«, 18 Dominican Rd., Tel. 442-8084) und im Oberbereich bei etwa P3000 (»Concorde«, Europa Center, Tel. 443-2058, concorde@mozcom.com). Die Economy-Klasse ist ab P650 (»Villa Rosal«, General Luna, Tel. 442-4093) vertreten; das Maximum erreicht P1350 (»Zion Hostel«, 15 Palma, Tel. 445-6997). Tourist Inns, die weitaus häufigste Kategorie, haben ein ähnliches Preisniveau. Wie üblich bilden die Lodging Houses das Ende der Preiskette. In der »Highland Lodge« (1 General Luna, Tel. 442-7068) und »Mountainside Lodge« (173 Magsaysay, Tel. 442-6483) findet man schon etwas für P110. Während der Hochsaison (März bis Mai) ist alles voll und teurer.

Sehenswürdigkeiten: Die nüchterne Stadt hat keine besonderen Sehenswürdigkeiten anzubieten. Ein weites Panorama (bis zur Südchinasee) eröffnen diverse Aussichtspunkte: Quezon Hill, Dominican Hill, BAI Farm und Mines View Park. Der City Market mit seiner bunten Lebendigkeit und das Baguio Mountain Provinces Museum lohnen den Besuch.

Essen: Baguios Restaurateure sind jederzeit auf den großen Ansturm vorbereitet. Waschechte Cordillera Food mit Einschluss von »richtigem« Kaffee erhält man im »Café by the Ruins« (25 Chuntug). Chinesisch, koreanisch und mongolisch kann man an mehreren Stellen in der Session und Legarda Road speisen, japanisch im »Kamimura« (Otek Street) und im »Matsukaze« (Brent Road). Europäisch ist das »Swiss Café« (Session Road).

Feste: Das Flower Festival (Ende Februar) brilliert mit unerhörter Blumenpracht, und im November zeigen die Künstler ihre Werke – mal etwas ganz anderes als die ewige Airport Art für die Touristen.

Ausflüge: Wie die Touristenkunst produziert wird, lässt sich auf dem Weg nach Asin, 16 km außerhalb von Baguio, im **Ifugao Woodcarvers Village** beobachten. In **Asin** selbst gibt es Thermalquellen und Pools. Das Städtchen **Kabayan** wartet mit Begräbnishöhlen und gleich nebenan mit dem stolzen **Mt. Pulog** (auch Pulag) auf. Selbigen kann man über die Stationen Ellet und Abukot bezwingen, eine drei- bis viertägige Tour, die von der Gemeindeverwaltung Kabayan organisiert wird. Zahmer ist eine Exkursion nach **La Trinidad**, wo Gemüseterrassen locken und wo man sich als Erdbeerpflücker in eigener Sache betätigen darf. In **Itugon** besteht die Möglichkeit, eine alte Goldmine zu besichtigen. Minus Gold allerdings – alles schon ausgeräumt. Nach all der Bergwelt vielleicht ein Bad in der Südchinasee? Die Strände von **Bauang** und **San Fernando** liegen nicht weit von Baguio entfernt, und die **Hundred Islands** (bei Lucap) sind sogar Nationalpark und bieten zahlreiche Bade- und Tauchmöglichkeiten.

Information: Department of Tourism (Cordillera Administrative Region), Governor Pack Rd., Baguio City. Tel. 442-7014, Fax 8848, dotcar@mozcom.com. Vorwahl Baguio/Banaue 074.

Banaue

Karte: Seite 110/111, Planquadrat C 5.

Anreise: Von Cubao fährt nur ein Direktbus (Dangwa Tranco) am Tag via Maharlika Highway nach Banaue; die Fahrt dauert neun Stunden. Eine weitere Verbindung besteht mit Baguio. Allerdings schlägt diese Route einen weiten Haken nach Süden und erreicht erst dann die gleiche Hauptstraße. Jeepneys fahren ebenfalls von Solano sowie auch von Bontoc und (häufiger) Sagada nach Banaue.

Unterkunft: Das »Banaue Hotel« (Tel. 386-4087) ist das erste Haus am Platz und kostet auch etwas mehr ($ 82). Angeschlossen ist jedoch eine Jugendherberge, in der man billiger davonkommt: P175 (pro Kopf im Schlafsaal). Auch in den (etwas fadenscheinigen) Lodges in Banaue sind die Preise zumeist zivil. In der »Cozy Nook« (Tel. 386-4003) zum Beispiel logiert man für P300 »native style«; in der »Greenview Lodge« (Tel. 386-4082, GVI@mozcom.com) sind P400 fällig. Weniger noch wird in den umliegenden Orten verlangt, so P100 für ein Zimmerchen in der »Batad Pension« im gleichnamigen Dorf, P120 im Kiangan Youth Hostel, P75 pro

Die Mangoverkäuferin nimmt einem die Schälarbeit ab

Bei Angeles geht es immer noch querbeet durch Laharfelder

Nase in Mayoyao und P50 in Tinoc. Am Mt. Anapawon beabsichtigt die Provinzregierung die Einrichtung eines Campinggeländes.

Sehenswürdigkeiten: Die Terrassen von Banaue gelten als Glanzpunkt der gesamten Region. Sie befinden sich allerdings nicht im Ort selbst, sondern ein paar Kilometer weiter nördlich. Zum Viewpoint muss man mit dem Tricycle fahren, wenn man die verkehrslose Straße nicht unter die Füße nehmen will (2 Std.). Den Runzelgreisen, die sich dort malerisch aufgebaut haben, um fotografiert zu werden, sollte man nicht unbedingt einen Schein zuschieben. Soooo furchtbar arm sind die Ifugao nämlich gar nicht.

Ausflüge: Gut begehbare Pfade verbinden die Bergdörfer östlich von Banaue und ermöglichen Exkursionen durch eine herrliche Landschaft. Weitere Reisterrassen gibt es in **Batad**, berühmt wegen ihrer Amphitheaterform, in **Hapao** (Steinwälle) und in **Mayoyao** (ebenso; außerdem der prächtige Chuyong Viewpoint). Häufig sind auch **Wasserfälle**; ein Besuch des Tappiya bei Batad sollte nicht versäumt werden.

Information: Ein kleines Infobüro befindet sich neben der Sanafe Lodge.

Bontoc

Karte: Seite 110/111, Planquadrat B 4/5.

Anreise: Bontoc heißt »Berg« und ist die Hauptstadt der Mountain Province. Fünf Buslinien verkehren über die 130 km der Halsema Road zwischen Baguio und Bontoc, eine spektakuläre Rütteltour von 6–7 Stunden. Im Fall einer verschütteten Fahrbahn durch Landrutsche ist mit mühsamem Umstieg und Weiterfahrt per Ersatzbus auf der Gegenseite zu rechnen. Das dauert natürlich.

Unterkunft: In der Gemeinde **Bauko**, etwa 50 km vor Bontoc, befindet sich das staatseigene »Mt. Data Hotel« (Tel. Manila 812-1984), auf fast 2000 m Höhe in schöner Bergnatur gelegen. Am flackernden Kaminfeuer kommt man sich vor wie in einem Alpenchalet. Auch wenn die Rechnung präsentiert wird: Ein DZ kostet präzise P2204. Nach Bontoc hinein wird es dann in jeder Hinsicht etwas unaufwändiger. Ein knappes Dutzend schlichtester Herbergen bietet Räumlichkeiten zwischen P140 und P200.

Essen: In Bontoc gibt es zahlreiche kleine Restaurants. Man kann auch mit den meisten Herbergseltern ein VP-Arrangement treffen.

Sehenswürdigkeiten: Das Bontoc Village Museum gibt einen guten Einblick in die Lebensgewohnheiten der Bergvölker; daneben befindet sich ein Modelldorf der Igoroten. Ansonsten erschließen sich die Höhepunkte Bontocs im Rahmen von Exkursionen.

Ausflüge: Nach **Malegcong**, 10 km nördlich von Bontoc, kann man zu Fuß gehen. Die dortigen Reisterrassen sind im Gegensatz zu jenen Banaues mit Steinen statt mit Lehm eingefriedet und in ihrer eigenwilligen Architektur noch spektakulärer. Weitere Terrassen gibt es in **Bayayo** und **Dalican**, sowie, im fernen Osten der Provinz und besonders eindrucksvoll, in **Natonin**. Nahe bei Malegcong liegt **Mainit**, was (wegen dort blubbernder Schwefelquellen) »heiß« bedeutet, und etwas weiter **Guinaang**, ein uriges Dörfchen.
Und überall im Umkreis ragen mit Kiefernwald bestandene Zweitausender empor, darunter so einladende Kletterziele wie der reizvolle, ca. 2500 Meter hohe **Mt. Clitoris** (bei Tadian/Bauko) und der **Mt. Amuyao** (2702 m) bei Barlig an der Ifugao-Grenze. Von dessen Gipfel kamen die ersten Ifugao, Bugan und Wigan, heißt es in den Legenden. Man erwartet dort oben vielleicht etwas Heiliges, findet aber, ausgerechnet, eine Satellitenschüssel vor.

In Baguio gibt es massig Jeepneys

Sagada

Karte: Seite 110/111, Planquadrat B 4.

Anreise: Sagada liegt lediglich 18 km westlich von Bontoc. Direktbusse fahren ab Baguio. Andernfalls muss man in Bontoc auf einen der (bis nachmittags) im Stundentakt pendelnden Jeepneys umsteigen.

Unterkunft: Sagada war lange ein beliebter Anlaufpunkt der Travellerszene, die inzwischen andere Ziele gefunden hat. Ein gemütliches Nest ist es immer noch – oder jetzt erst recht. Wie in Bontoc sind die Herbergen bescheiden, und man kann mit ähnlichen Tarifen rechnen; es sind sogar Prokopfpreise von P60 dabei (»A Seven House«, immerhin »mit Veranda«!) Nur im »Sagada Prime Hotel« muss man etwas mehr anlegen: P1000.

Sehenswürdigkeiten: Der Name Sagada bedeutet »Egge«, bezogen auf die Tätigkeit auf den vielen Reisterrassen ringsum: Bangaan, Bulongan, Kiltepan, Suyo, Tanulong. Die Terrassen stellen auch das primär Sehenswerte dar; der Ort selbst macht nicht viel her.

Ausflüge: Die schöne Natur um Sagada lädt die Besucher zu ausgedehnten Wanderungen ein: zum Echo Valley, mehreren Höhlenkomplexen, zu den Bergen Mt. Ampacao (1889 m) und Polis (1829 m, mit Aussichtspunkt), zum Wasserfall Bumod-ok, zum Danum- und Bodong-See.

Die bizarre Tufflandschaft am Pinatubo ist heute ein beliebtes Ausflugsziel

»Bomben« aus Bimsstein

Abenteuer: Flug über den Pinatubo-Krater

Beklemmend eng: Tuffcanyon am Pinatubo

Die Eruption des Vulkans Pinatubo bei Angeles City in Luzon war die schwerste Naturkatastrophe des 20. Jahrhunderts. Der bis dahin ruhende Berg geriet im April 1991 in Bewegung und erreichte am 15. Juni jenes Jahres einen gigantischen eruptiven Höhepunkt, bei dem sieben Kubikkilometer Materie bis zu 40 Kilometer in die Höhe gesprengt und die umgebenden Provinzen zum Teil meterhoch unter Asche begraben wurden. Das pompejische Ereignis forderte über 500 Opfer.

Die Kirche von Bacolor wurde 1991 verschüttet

Land der Reize – des Pfeffers und des Feuers

Fotos: Der Vulkan Mayon als Dominante – sei es über der Hafenstadt Legazpi oder dem Bauern mit Reissetzlingen.

Bicol nennt sich die aus fünf Provinzen bestehende Region am Südostzipfel Luzons. Die Einwohner sind wahrscheinlich indonesischer Herkunft; ihre Sprache deutet darauf hin. Und sie sind ein sehr heißblütiges Völkchen. Überall auf den Philippinen gelten sie als große Liebhaber/innen, des scharfen Pfeffers und überhaupt. Sollte dies an den vielen Vulkanen liegen, die den Menschen hier immer wieder kräftig Feuer geben?

Tränen fließen, Kiefer mahlen, während die Zuschauer johlen und toben. Ansonsten aber verzieht Ruben Gnilo keine Miene. Das darf er auch nicht, wenn er den heutigen »Pfefferfresswettbewerb« gewinnen will. Chilischoten würzen in reichlicher Menge die meisten Gerichte der Bicolanos, deren Vorliebe für Ultrascharfes im ganzen Land bekannt ist. Im Städtchen Camalig am Fuß des Mayon-Vulkans treibt man die Sache jedoch auf die Spitze. Die Teilnehmer dieses speziellen Wettkampfes müssen ganze Hände voll Chilis verzehren, und Schiedsrichter achten darauf, dass sie auch regelpflichtig zerkaut werden. Gewinner ist, wer die meisten Schoten mampft und dabei, am wichtigsten, das Gesicht kein bisschen verzieht.

Wer aus Manila, der gewöhnlichen Anmarschrichtung, in den Bicol-Provinzen anlangt, der hat das Empfinden, umgehend aufzuleben, endlich wieder voll durchatmen zu können. Hier ist alles grün, grün, grün, sogar vom Himmel scheint es grün herabzuscheinen. Die Natur, die man in der Hauptstadt so schmerzlich vermisst hat, ist verlässlich neu präsent.

In den allgegenwärtigen Reisfeldern sind statt Motorpflügen Wasserbüffel mit null Emission am Werk. Die Menschen wirken nicht mehr gehetzt, ihre Gangart ist dem rustikalen Umfeld angepasst, und man sieht sie viel lachen. Keine Abgase und kein Müll bestimmen den atmosphärischen Mix, sondern Seebrisen und Wohlgerüche von Kokosöl, Reisspreu, Abaka-Hanf und, eben, scharfem Pfeffer. Für all diesen Überfluss gibt es natürlich einen guten Grund.

Und der ist: ein tropisches Klima, das primär von vielem Regen geprägt wird. Die Monsune treffen von beiden Seiten auf die südliche Landzunge und laden ihre Feuchtigkeit über ihr ab. Um die Jahreswende darf man als Tourist gar nicht in diese Ecke von Luzon reisen, denn dann pladdert es (fast) unaufhörlich. Vorher, so gegen September/Oktober, gerät man hier leicht in einen Taifun – dann schüttet es erst recht.

Während des Rests des Jahres regnet es ebenfalls, wenn auch weitaus weniger. Und häufig nur nachts. Am Morgen liegt die Landschaft dann da wie aus dem Ei gepellt – frisch und blank und grün. Selbst die zahlreichen Vulkane Bicols, gleich mehr zu ihnen, sind keine öden Aschenkegel, sondern mit Leben erfüllte Biotope.

Quer durch alle Provinzen: spanisches Erbe

Ein Land voller Liebreiz, ein Land, das Expatriaten spontan als neue Heimat empfanden. Schon im 16. Jahrhundert ließen Spanier sich hier in Verbindung mit der beginnenden Christianisierung des Archipels nieder. Sie gründeten nicht nur Städte (1575 Nueva Caceres, heute Naga), steinerne Kernpunkte im weiten Grün, sondern auch Familienclans, die bis in die Neuzeit zu den politischen und geschäftlichen Eliten zählen. Die Bicol-Provinzen Camarines Norte und Sur, Catanduanes, Albay und Sorsogon, in dieser Reihenfolge von Nord nach Süd, reflektieren das spanische Erbe bis auf den heutigen Tag.

Die regionale Sprache ist üppig mit iberischem Vokabular durchsetzt, und die Kirchen aus jener Zeit vermitteln eher lateinamerikanische als asiatische Impressionen: Sie zeigen uralten Erdbebenbarock, bemoost, aber ansonsten intakt, mehr Geo als Metrie, Muttergotteshäuser statt einem Herrn gewidmete Tempel. In ihnen finden religiöse Zeremonien statt, die sich im Prinzip wenig von denen des 17. Jahrhunderts unterscheiden, als die Jungfrau von Peñafrancia, Schirmherrin der gesamten Region, in Nueva Caceres von einer Kirche in eine andere umzog.

Das war 1655, und dieser Vorgang wird im heutigen Naga an jedem zweiten und dritten Samstag im September mit viel Pomp nachzelebriert. Der Höhepunkt, eine farbenprächtige Flussparade, zieht alljährlich Zehntausende von Zuschauern an. Unter dem Gewicht

Universität Naga – ohne Computer geht's nicht

Fischer auf dem malerischen Lake Buhi

Keine Hektik, keine Technik, aber anstrengend: Pflügen der Reisfelder

Mercedes: »Toller Fang, was?«

Buhi: »Ice cream! Ice cream!« (unten)

Die Schule wird auf den Philippinen sehr ernst genommen. Der Besuch der staatlichen Grundschulen ist kostenlos; (moderate) Gebühren sind erst ab College-Level fällig. Der Standard der Staatsschulen wird jedoch nicht sehr gerühmt. Wer irgend kann, schreibt sich bei einer privaten Schule ein – für die Uni fast obligatorisch. Dort kostet der Besuch immer etwas, und das nicht zu knapp. Viele Eltern nehmen rigorose Härten auf sich, um ihren Kindern den Besuch solcher Institutionen zu ermöglichen – und der ganze Clan hilft dabei mit. Für talentierten Nachwuchs gibt es übrigens großzügige Stipendien – ein nicht unbeträchtlicher Anreiz.

der Menschenmassen brach in den Fünfzigern eine Brücke zusammen, und es gab viele Tote. Doch das kann den religiösen Eifer der Bicolanos nicht erschüttern. Die Brücke wurde wieder aufgebaut. 1973 kollabierte sie erneut. Noch mehr Opfer. Es wird weitergefeiert ... Jahrhundertelang wuchs den Bicolanos aus ihrem Füllhorn heraus alles in den Mund. Der Reis, der hier besonders fruchtvoll gedeiht, erforderte allerdings immer knochenharte Arbeit. Und wie sie arbeiten können, diese zähen Selbstversorger! Doch genauso gern legten sie stets lange Siestas ein, und wenn sich eine ungeliebte Aufgabe irgendwie vermeiden ließ, dann fanden sie – und sei es unter großem Aufwand – Mittel und Wege, um ihr zu entgehen.

Preußischer Arbeitseifer ist hier nicht angesagt

Als der schon genannte Ethnologe Fedor Jagor Mitte des 19. Jahrhunderts den Iriga-Vulkan erklomm, machte er bereits

Das Thermalkraftwerk Tiwi ist zwar keine Augenweide, liefert aber jede Menge Strom

Täter Vulkan (Hintergrund) und Opfer (Cagsawa)

Bekanntschaft mit dieser Mentalität und erachtete es als notierenswert, dass die Einheimischen meinten, »von ihrem Standpunkte aus richtig [zu] handeln, wenn sie so wenig als möglich thun«. So musste auf der Bergtour die ganze Gruppe dürsten, weil von zwei Trägern der eine das Trinkwasser unterwegs »aus Versehn« verschüttet, ein weiterer es schon am Start ausgegossen hatte, »weil er geglaubt, dass wir es nicht brauchen würden«. Und das, »selbst wenn man ihnen einen höheren Tageslohn giebt«!

Viel hat sich seit Jagors Zeiten nicht an der Wesensart des Stammes der Bicolanos geändert. Die freigebige Natur ließ ein sorgloses und leichtlebiges Völkchen herangedeihen, das in Bezug auf diese Eigenschaften auf den Philippinen seinesgleichen sucht. Der Besucher aus der ruhelosen Cyberwelt wird diesen Lebensstil, der sich weniger an materiellen Werten als an simpler Daseinsfreude und Einklang mit der Nachbarschaft orientiert, wie der wackere Preuße Jagor womöglich zuerst irritierend, dann aber,

Der Mt. Mayon ist immer im Bild

Viele Strände Bicols sind wegen vulkanischen Aschenfalls pechschwarz

nach zunehmender Einsicht, sehr menschenwürdig und vielleicht sogar nachahmenswert finden. Versteht sich, dass diesen Lebenskünstlern jeder Anlass, auch jenseits religiöser Motive, zum Feiern dient – wie die obige Pfefferfete.

Von großem Reiz: die Pazifik-Küste

Die Bicol-Region beginnt geographisch etwa dort, wo sich das »Schwanzende« Luzons auf halber Strecke ein wenig aufwölbt. Innenseitig, entlang des Ragay-Golfs, ist die Küste nicht besonders attraktiv; die Pazifikseite hat viel mehr vorzuweisen. Das fängt an mit dem schönen Bagasbas Beach außerhalb von Daet, der Hauptstadt der Provinz Camarines Norte. Schier endlose Kilometer grauweißen Sandes hat der Besucher ganz für sich allein; und manchmal schmettert eine Brandung an diesen Strand, die spontane Surfwünsche aufkommen lässt.

Der gesamte, sich anschließende Küstenstrich entlang der Ufer der San Miguel Bay bis zum Ende der Caramoan-Halbinsel ist verkehrsmäßig wenig erschlossen. Wer sich die Mühe macht, in diese Gefilde vorzudringen, wird auf urwüchsige Landschaften stoßen, die (wegen schwerer Taifun-Exponierung) ziemlich dünn besiedelt sind.

Immer unter Dampf – Mayon-Vulkan

Nach Legazpi fliegt man per Jet

Der Mayon-Vulkan ist schön, aber mitunter auch ganz schön sauer. Ein ganz normales Wort übrigens für Vulkanologen, die die chemischen Charakteristiken der Feuerberge von »basisch« bis »sauer« bestimmen. Der Mayon liegt ziemlich weit am oberen Ende, was gleichbedeutend ist mit gewaltsamen Eruptionen. Das hat der Schönling auch oft genug unter Beweis gestellt. Seine (seit 1616) dokumentierten Ausbrüche waren zumeist von großer Heftigkeit und forderten in der relativ dicht bewohnten Region immer wieder Todesopfer. Der nächste Ausbruch kommt bestimmt. Der Berg köchelt ständig vor sich hin, ist also aktiv. Einmal einer Mayon-Eruption beizuwohnen gilt als tolles Erlebnis – in der sicheren Stadt Legazpi.

Die Route durch das Landesinnere führt zunächst durch den »Bicol National Park«. Oder genauer: das, was von dem einst dicht bewaldeten Naturschutzgebiet übrig geblieben ist, nämlich so gut wie nichts. Erst 1974 wurde der Highway durch dieses raue Terrain gezogen; nachfolgende Brandroder fielen über den Dschungel her. Neuerdings regeneriert der Wald wieder, weil die meisten »Squatter« längst (nach Manila) abgewandert sind. Dafür verfällt die Straße immer mehr – das scheint der natürliche Gang der Dinge in tropischen Breiten zu sein.

Hinter dem einstigen Park, bei Sipocot, öffnet sich alsdann eine unendliche Ebene von geradezu niederländischer Plattheit, die sich bis an den Südzipfel Luzons fortsetzt: Reisland, so weit das Auge reicht. Schon der Name der insofern produktivsten beiden Provinzen deutet auf Erntetätigkeit hin: Camarines heißt »Reisspeicher«. Naga, die größte Stadt in weitem Umkreis, liegt mitten in diesem von zahllosen Flüssen und Kanälen durchzogenen Anbaugebiet. Und wenn es heftig geregnet hat, was ja, wie erwähnt, eher die Regel ist, nimmt der Ortsbereich ein wenig den Charakter von Venedig an. Das erklärt vielleicht auch die auffällige Sauberkeit der Stadt: Periodisch wird aller Dreck hinausgeschwemmt.

Der Vulkan Mayon ist nur einer von mehreren

Aus diesem saftig grünen, von mehreren juwelengleichen Seen gefleckten Flachland erhebt sich nach Osten hin ein Vulkan nach dem anderen, ein surrealistischer Anblick. Mit 2462 Metern Höhe und überwiegend symmetrischen, fein geschwungenen Linien dominiert der Mayon in der Provinz Albay weithin das Panorama. Dieser Feuerspeier hat die Geschichte der Bicol-Region zu großen Teilen mitgeschrieben. Es ist ein gewaltsamer, rabiater Bursche, aber auch einer der anmutigsten Berge der Welt. Genau dafür steht das Wort: auf Bicolanisch bedeutet »magayon« schön.

Heutigen Besuchern der Provinz Albay, deren nördlichen Teil der Vulkan fast zur Gänze einnimmt, kann der Mayon vor allem als glänzendes Beispiel natürlicher Harmonie im Sinne vollkommener Einpassung in ein Landschaftsbild dienen. Zwar rennet, rettet, flüchtet alles, wenn er mal wieder Feuer und Bimsstein spuckt. Doch er meint es auch gut mit seinem Umfeld. Die ausgedehnten Reisterrassen an seinem Fuß, ein wenig mit denen der Nordprovinzen rivalisierend und von penetrantem Grün, sind eindrucksvolle Beweise dafür.
Der Berg ist natürlich auch ein großartiges Kletterziel. Die drei bis vier Tage Wildnis, die man im Verlauf einer unbeeilten Standardtour an seinen Hängen erleben kann, gehören zum abenteuerlichsten Potenzial einer Philippinenreise.

Eruptionen, die bis Europa spürbar waren

Es wäre müßig, die vielen Ausbrüche aufzuzählen, deren sich der Mayon in geschichtlich belegten Zeiten (seit 1521) schuldig gemacht hat und die zum Teil bis nach Europa spürbar waren. Noch müßiger wäre es, etwa eine »zyklische« Abfolge in das Geschehen hinein interpretieren zu wollen, weil die Abstände zwischen drei Eruptionen vielleicht einmal die gleichen waren. Solche Zyklen gibt es nicht, sagen Vulkanologen. Erwähnt werden muss indes der gewaltige Ausbruch vom 1. Februar 1814, der über 1200 Opfer forderte. Dabei wurde die Kirche von Cagsawa verschüttet, deren Turm noch heute malerisch aus dem umgebenden Terrain ragt. Generell hat der Mayon sich damit begnügt, wie im Juni 2001 dröhnend an der Neugestaltung seines Oberteils herumzubosseln, mit dem Ergebnis, dass von der »perfektesten Symmetrieform der Welt« schon längst keine Rede mehr sein kann.

»Hallo! Hallo! Ist jemand da?«

Gubat: Belehrung für die »Kleinen«

Mitten im Nationalpark Mayon Volcano hatte der Minister für öffentliche Bauten von Ferdinand Marcos' Gnaden in den siebziger Jahren einen Golfplatz mit allem Drum und Dran errichten lassen. Beim Straßenbau war einiges Geld für dieses private Projekt abgefallen. Als Cory Aquino 1986 die Macht übernahm, war Schluss damit, man ließ die Anlage

Abaca(Manila-)hanf hängt vielerorts zum Trocknen aus

Die Abaca- und die Bananenpflanze sind eng verwandt und sehen sich auch sehr ähnlich. Aus der ersteren Staude, die vor allem in Bicol üppig gedeiht, gewinnt man den berühmten »Manilahanf«, der einst nicht aus den Takelagen der Segelschiffe wegzudenken war. Diese Vormachtstellung hat die Abaca inzwischen verloren. Heute macht man aus den zähen Fasern weitaus häufiger kunstgewerbliche Gegenstände, von deren Fertigung ganze Dörfer (auch vorrangig in Bicol) leben. Und eine weitere wichtige Funktion hat Abaca heute: Man verwendet die Fasern für die Herstellung hochwertigen Papiers – vor allem für Geldscheine.

Insel Cagraray: »Baklad« nennen sich die landesweit verbreiteten Fischfallen auf Philippinisch

Lake Bulusan: Früh übt sich, wer ein Seemann werden will

Die Gemüsepflanze Taro ist überall beliebt

absichtlich verfallen. Schon nach einem Jahr erinnerte kaum noch etwas an die einstige Golf-Gloria, und heute ist überhaupt nichts mehr davon vorhanden.

Als wenn die vulkanischen Donnerschläge nicht genug wären, haben die Bicol-Provinzen alljährlich auch unter schweren Taifunen zu leiden, denn die Trasse dieser Megastürme führt mittig über sie hinweg. Ganz besonders betroffen ist die Insel Catanduanes, sozusagen als Wellenbrecher der Region vorgelagert und dünn besiedelt, weil viele Insulaner wegen der extremen Verhältnisse abwanderten. (Manche besitzen gar keine Geburtsurkunde; Grund: »Das Rathaus flog davon!«.) Die häufigen Auswüchse der Natur haben dem fröhlichen Naturell der Bicolanos indes wenig Schaden zugefügt, sondern höchstens zu einem noch ausgeprägteren Fatalismus geführt, als er Asiaten ohnehin schon eigen ist. Wenn die Elemente die leichten Behausungen aus Bambus und Palmstroh hinwegfegten, dann flüchtete man halt in die soliden spanischen Kirchen (was den Cagsawern zum Verhängnis wurde), und wenn alles vorbei war, baute man binnen Stunden ein neues Domizil. Hauptsache, der Acker blieb erhalten. Sturm und Regen machten ihm nichts aus, im Gegenteil. Und Vulkanasche führte nur neuen Dünger zu. Vielleicht musste man mal ein Jahr mit der Ernte aussetzen, wenn es zu dick kam. In so einem Fall zog man eben eine Zeitlang zu Onkel und Tante; Familien sind katastrophengehärtet und die Bindungen stark in Bicolandien.

REISE-INFO BICOL

Albay

Karte: Seite 110/111, Planquadrat F 7.

Anreise: Tägliche Flüge (Jet) von Manila nach Legazpi; oder auch per Bus. Bummelzug von Manila.

Unterkunft: In **Legazpi**, der Provinzhauptstadt, ist das Hotel »La Trinidad« (Rizal Street, Tel. 480-7469; ab P870) das beste. In der »Legaspi Tourist Inn« (Lapu-Lapu Street) findet man dagegen schon eine Bleibe für P300. Als gute Ausweichmöglichkeit bietet sich **Santo Domingo** an, wo das »Reyes Beach Resort« am günstigsten (P300/Cottage) ist.

Essen: In **Legazpi** diniert man vorzüglich im Hotel »La Trinidad«. »Mike's Oakroom« im Ortszentrum hat wohl die vielseitigste Speisekarte. Im »Garden Restaurant« in der Rizal Street kann man draußen sitzen.

Sehenswürdigkeiten: Legazpis »Headless Monument« (vor der Hauptpost) soll an die Gräueltaten der Japaner im 2. Weltkrieg erinnern, als Köpfe unter Samuraischwertern rollten.

Ausflüge: Die Krone der Exkursionen ist ein Aufstieg zum Krater des **Mayon**; das Tourist Office vermittelt Guides für diese Unternehmung (Tourpackage: P4500) und erteilt Auskunft über den Eruptionsstatus, der ganz gut voraussagbar ist. Via Daraga nach Cagsawa, wo die versunkene Kirchenruine steht. Unfern davon, in **Camalig**, befindet sich die sehenswerte Hoyop-Hoyopan-Höhle. Leider fehlen Legazpi die sauberen Strände. In **Malilipot** gibt es Wasserfälle mit Pools. Schön sind die der Küste vorgelagerten **Inseln** San Miguel, Cagraray, Batan und Rapu Rapu, die zum Teil mit weißen Stränden aufwarten können.
In anderer Richtung: An der Südküste hat sich bei **Donsol** ein Beobachtungszentrum für Walhaie etabliert. Der bis zu 20 Meter lange Fisch kommt hier in einer der weltweit größten Konzentrationen vor. Das Areal steht unter Naturschutz. Jeepneys nach Donsol ab Legazpi-Terminal. Die Saison dauert von Januar bis März.

Information: Dept. of Tourism, Legazpi Office, Regional Center Site, Rawis, Tel. 482-0712, Fax 0811, dotr@globalink.net.ph. Die Vorwahl für Naga ist 054, für Legazpi 052.

Camarines Norte

Karte: Seite 110/111, Planquadrat E 6.

Anreise: Die Provinz und ihre Hauptstadt Daet liegen am Highway von Manila und sind per Bus oder Auto erreichbar. Flüge von Manila nach Daet.

Unterkunft: Das »Karilagan Hotel« befindet sich mitten in **Daet** am Public Market. Ab P300. Wem es da zu laut ist, hat drei weitere Hotels zur Wahl. Ruhig und nicht viel teurer ist der »T. S. Resort« auf der **Insel Apuao Grande**, der sich schon in Manila (Swagman Travel, Tel. 522-3650, swagman@ibm.net) reservieren lässt. Auf dem Eiland gibt es sogar einen Golfplatz.

Ausflüge: Der Bagasbas Beach liegt 3 km von **Daet** entfernt und ist mit dem Tricycle zu erreichen. Fischmarkt in **Mercedes** (10 km; Jeepney).

Camarines Sur

Karte: Seite 110/111, Planquadrat E/F 6/7.

Anreise: Fortführung des Highway; Flüge von Pili nach Manila und Cebu.

Unterkunft: Das »Grand Imperial Plaza« ist **Nagas** führendes Hotel (Tel. 736534, gip@cybernaga.mozcom.com) mit Preisen ab P930. Weitere niedrig preisige, recht komfortable Hotels. Zu bedenken: Zur Zeit der Peñafrancia-Fiesta im September ist alles ausgebucht.

Sehenswürdigkeiten: Die **Naga** Cathedral von 1595 und das Kirchlein von **Milaor** (1725). Vor der San Francisco Church in Naga steht das Denkmal der Quince Martires, fünfzehn philippinische Patrioten, von den Spaniern exekutiert.

Ausflüge: **Sabang** am Lagonoy-Golf ist ein freundliches Dörfchen mit (dunklem) Strand; kulinarische Spezialität: frische Schwertfischsteaks vom Grill. Sabang wird mit Jeepneys ab Naga erreicht. Auf der Route liegt der **Mt. Isarog** mit schönen Dschungeln und Wasserfällen. Von Iriga City (östlich) Trip zum **Iriga-Vulkan** und hübsch gelegenen **Lake Buhi.**

Catanduanes

Karte: Seite 110/111, Planquadrat E/F 7/8.

Anreise: Flüge von Manila nach dem Hauptort Virac. Tägliche Fähre von Tabaco (Albay) nach Virac.

Unterkunft: »Sandy's Blossoms Pension House« am Anleger von **Virac** kostet P250; »Maren's« (Rizal Street) P300. Im »Bosdok Beach Resort« (20 km südwestlich) sind P700 für ein Cottage fällig. In **Puraran** an der Ostküste treffen sich Wellenreiter; Unterkunft: schlichte Hütten.

Sehenswürdigkeiten/Ausflüge: Balongbong und Binanuahan sind zwei Frische spendende Wasserfälle bei **Bato**. Die Luyang Cave bei **Lictin** (15 km westlich von Virac) dürfte Höhlenforscher interessieren. Spektakulär ist die gesamte Ostküste mit wilden Riffen und einsamen Stränden.

Sorsogon

Karte: Seite 110/111, Planquadrat F/G 7.

Anreise: Die südlichste Bikol-Provinz liegt am Ende des Highways. Vom Terminal Matnog Autofähren nach Samar.

Unterkunft: »Fernando's Hotel« (Pareja Street, fernandohotel@hotmail.com, ab P800) und »Villa Kasanggayahan« (Rizal Street, P800).

Ausflüge: Der weißsandige Rizal Beach bei **Gubat** ist der schönste Strand der Bicol-Region. Resorts um P500. Auch das Umfeld des Vulkans Bulusan, »philippinische Schweiz« genannt, ist höchst attraktiv. In den sauberen Dörfern **Bulusan, Irosin** und **San Mateo** kühle und heiße Quellen. Makellose Herbergen wie die »Villa Luisa Celeste« sind typisch für die »Schweiz« und kosten P500 oder weniger.

In Matnog legt die Fähre zur Insel Samar ab

Die Fischer der Philippinen, hier bei Gubat, sind allesamt kleine Selbstständige

Mercedes: Rochen ist überall gefragt

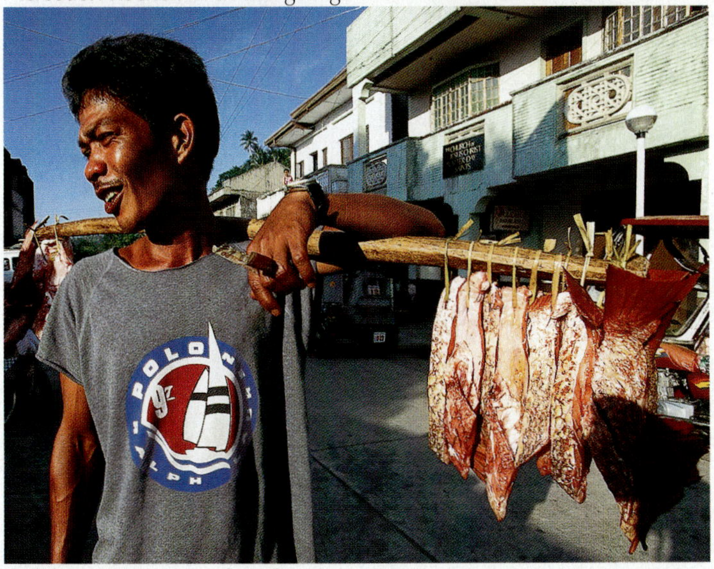

Auf dem Weg zum Fischmarkt

Für Fisch lassen Filipinos alles stehen und liegen. Frisch muss er allerdings sein. Aus der Dose oder gefroren findet er keine Liebhaber. Die Ausnahme ist Trockenfisch. Große Teile der Fänge werden auf diese Art aufbereitet – eine nötige Maßnahme in einem heißen Tropenland. Zum Verzehr wird Trockenfisch wieder angebraten und zumeist mit Essig und Knoblauch serviert – ein durchaus leckeres Gericht. Feinschmecker ziehen rohen Fisch vor. Mit scharfen Gewürzen mixt man daraus Salate, die westlichen Besuchern das Wasser in die Augen treiben!

Grüne Schönheit zwischen Sulu- und Südchinasee

Gr. Foto: El Nido im Bacuit-Archipel. Kl. Foto: Frisch auf den Tisch – die Fische Lapulapu (oben) und Snapper.

Immer wieder wird die Frage aufgeworfen, welches der vielen Eilande der Philippinen denn das schönste sei. Übereinstimmend weisen Landeskenner diesen Titel der Insel Palawan zu. Dass selbige weitere 1700 Landbrocken um sich schart und wie schön diese nun wieder sind (nämlich sehr) – das steht auf einem anderen Blatt. Es sind die Großinseln, unter denen Palawan die Krone gebührt.

Teddy de Peralta, Dschungelguide, war mit dabei, als 1977 im Bergkrater Ransang in Südwest-Palawan ein Ureinwohner-Völkchen entdeckt wurde, dessen Auffindung eine Menge anthropologischen Staub aufwirbelte. Ganz in der Nähe, in den Tabon-Höhlen, war nach wissenschaftlichen Erkenntnissen nämlich vor 22 000 Jahren einer der ersten Filipinos zu Hause. Der Tabon-Mensch, wie er offiziell genannt wird, hinterließ dort Spuren einer bescheidenen Existenz, und obwohl es mit Sicherheit weitaus ältere Bewohner des Archipels gibt, gelang in den Höhlen erstmals ein datierbarer Nachweis. Die Tau't Bato (»Steinmenschen«) von Ransang wurden diesem Oldie flugs als direkte Nachkommen zugeordnet. Eine Sensation!

Teddy sieht das nüchterner. Was der damalige Minderheitenbeauftragte Manuel Elizalde beim Betreten der Steinzeithöhle als Erstes fand, war eine Flasche mit kohlensaurer Brause, die er in scharfem Flüsterton aus dem Wege zu räumen befahl. Auch Jeans-Hosen waren bereits evident; sie mussten für die nachfolgenden ausländischen Ethnologen abgelegt werden. Das Ganze war offensichtlich wieder eine jener Inszenierungen der Marcos-Ära, mittels deren das Land mit Ruhm bekleckert, aber von seinen wahren Problemen abgelenkt werden sollte.

Dokumentiertes Faktum ist hingegen, dass bereits vor der ersten Jahrtausendwende chinesische Seefahrer mit Palawan Handel trieben. In Grabhöhlen aufgefundenes Porzellan aus jener Periode, zum Teil von großer Schönheit, kündet von solchen Aktivitäten. Auch der Inselname ist womöglich auf das Pa-lao-yu (»Land der schönen Häfen«) der Besucher zurückzuführen; er könnte aber ganz profan auf Philippinisch die Herkunft einer simplen Erdknolle bedeuten. Im 13. Jahrhundert etablierten Muslime aus dem Süden erste Außenposten und intensivierten die China-Beziehungen.

Wichtigster Stützpunkt der Spanier: Taytay

Die Spanier erschienen 1622 auf dem Plan, relativ spät. Sie wussten mit dem wilden Land wenig anzufangen, außer dass ihnen der Norden der Insel als Bollwerk gegen muslimische Angriffe diente. Das Städtchen Taytay an der Ostküste war ihr wichtigster Stützpunkt, dessen

Sabang: am Eingang zum Underground River

Taytay mit seinem alten Fort

PPC: überall Tricycles

In Puerto Princesa (kurz PPC): Reis, am Preis erkennbar, ist nicht gleich Reis

Die Philippinen warten mit einem subterranen Angebot auf, das sich sehen lassen kann. Tausende von Höhlen gibt es im Archipel, viele harren noch der Entdeckung. Dafür gibt es einen ganz speziellen Grund. Über Jahrhunderte hinweg wurden die Höhlen des Inselreichs als Begräbnisstätten benutzt. Nachfolgenden Generationen galten sie deshalb als Orte, an denen die Totengeister ihr Unwesen trieben, als verwunschen. Erst in jüngster Zeit kommt dieser Aberglaube zum Erliegen – und viele Höhlen müssen neu gefunden werden.

Eine Fahrt durch die Höhlenwelt des Underground River ist ein unvergessliches Abenteuer

Taytay an der Suluseeküste: Bei Ebbe treten die Muschelsucher in Aktion

damals erbautes Fort als Ruine weiterhin zu bewundern ist. Die Muslime rannten 1730 und 1735 vergeblich gegen diese Feste an, doch wenig später legten die Kolonisten den Zwist bei, indem sie dem Sultanat Sulu den Süden Palawans schlicht abhandelten. Viel Freude hatte man nicht an dem Erwerb. In den neuen Territorien stationierte Truppen wurden scharenweise von der Malaria dahingerafft, bis in die Gegenwart ein Problem auf der Insel. Man ließ darauf den Süden buchstäblich links liegen, und diesen Status hat er eigentlich immer noch.

Offiziell erhielt die zuvor Paragua genannte Insel 1903 den Namen Palawan. Das damalige Kaff Puerto Princesa wurde Hauptstadt; Namensgeberin war die Prinzessin Eulalia von Spanien. Obwohl das Eiland auf großformatigen Karten wegen seiner schmalen Konfiguration kaum ins Auge fällt, ist Palawan mit etwa 15 000 Quadratkilometern die ausgedehnteste Provinz der Philippinen, und sie hat nur 700 000 Einwohner.

Eigenständigkeit wäre durchaus möglich

»Republik Palawan« nennen die Einheimischen schmunzelnd ihre Insel, darauf hindeutend, dass man leicht eine von Manila unabhängige Existenz führen könnte. In der Tat: Es ist fast alles da, um eine solche Selbstständigkeit zu ermöglichen. Sogar Öl wurde (vor der Insel Linapacan) entdeckt. Weil Palawan jahrhundertelang in der Tat »links liegen gelassen« worden war, fiel den Pionieren eine fette Pfründe in die Hand, als die Besiedlung der Insel nach dem Zweiten Weltkrieg ernstlich einsetzte.

Noch in den 1960er-Jahren war die größte Provinz des Landes von einem Ende zum anderen bewaldet. Kommandoartige Abholzaktionen, die damals gestartet wurden und bis in die jüngste Neuzeit andauerten, richteten gewaltige Schäden an. Erst seit wenigen Jahren hat man dem

Helmschnecke am Strand von Flower Island

Treiben ein Ende gemacht und forstet vielerorts massiv wieder auf.

Ökologie ist auf der Insel seither ein Schlüsselwort, das selbst Grundschülern wohlvertraut ist und das in den Kirchen vor den Altären gepredigt wird: Die Natur, liebe Gemeinde, ist euer Kapital, werft es nicht leichtfertig fort! Deshalb ist trotz fortgesetzter Zerstörung in kleinem Stil durch die Ureinwohner der Insel, die nach vielen Jahren ethnischer Unterdrückung diverse Privilegien bei der Urbarmachung des Dschungels genießen, doch noch einiger Wald da. So viel zumindest, dass man sich hoffnungslos in ihm verlaufen kann!

Im Süden Palawans ein romantischer Leuchtturm

Der große Kuchen Palawan steckt voller Rosinen, die sich der über wenig Zeit verfügende Standardbesucher nicht entgehen lassen darf. Wer indes über so viel glückliche Muße verfügt, die ganze Insel bereisen zu können, der beginne am besten im tiefen Süden. Dort, wo nur eine schmale Wasserstraße die Philippinen von Borneo trennt, liegt die Insel Balabac, Teil der Hauptprovinz. Ein rustikales Eiland ist es, voller Urwälder und wilder Strände. Und ganz im Süden, bei Kap Melville, steht ein Leuchtturm, der das weltweit romantischste Gemäuer dieser Art sein dürfte. 1892 stellten ihn die Spanier auf einen Hügel an der Mangrovenküste. Ehern steht er da, mit vier Generatoren aus den 1930ern ausgerüstet, von denen nicht ein einziger funktioniert, und von drei Wärtern bewacht, die nichts zu tun haben – das tröstende Licht von Kap Melville ist dunkel.

Auf dem Südzipfel von Palawan brennen ebenfalls wenige Lichter. Auch hier ist die Küste von Mangroven umsäumt, in denen sich Krokodile tummeln, Riesenbiester dabei. Die paar Ansiedlungen sind klein. In Brooke's Point, benannt nach dem legendären Rajah Brooke aus Nordborneo, wurde 1934 die weltgrößte Perle von den Ausmaßen einer Kokosnuss gefunden. Die Familie der glücklichen Finder, die zuerst mit dem Klunker Kegel spielte, lebt noch in dem unscheinbaren Ort und ist nicht gerade reich zu nennen, vor allem in Relation zum Schätzpreis der heute in den USA befindlichen Perle: 42 Millionen Dollar.

Ein Stückchen weiter nördlich, in Narra, lässt sich schon wieder ein Höhepunkt finden. Nämlich, dem Lauf des Katabungan-Flusses bis in die zentrale Bergwelt folgend, der wohl prachtvollste Dschungel ganz Palawans. In Irawan, bereits eine Art Vorort von Puerto Princesa, kann man dann auf der dortigen Krokodilfarm kapitale Echsen betrachten. In der Lobby sind Skelett und Schädel eines gewaltigen Burschen ausgestellt, dem vor einigen Jahren zwei Fischer bei Rio Tuba im Süden Palawans zum Opfer fielen – die Bedrohung ist also real.

Puerto Princesa in der Inselmitte ist für Palawan-Reisende meistens der erste Anlaufpunkt. Der Flugplatz lässt auf Grund stattlicher Dimensionen auch Airbus-Landungen zu. Eher provinzielle Abmes-

Wer möchte auf einem solchen Eiland nicht einmal Robinson spielen?

sungen prägen jedoch bereits das Bild des Terminals, und kaum tritt man aus ihm hinaus, gerät man unter schattigen Schirmakazien in eine lauschige, fast dörfliche Atmosphäre.

Inselhauptstadt Puerto Princesa: viel Grün, viele Tricycles

Palawans größter Ort hat überhaupt nichts von einer Metropole an sich, sondern besticht durch viel Grün, freundliche Menschen und das Fehlen stockwerkträchtiger Baulichkeiten. Das Verkehrsgeschehen wird von Tricycles regiert, denn die lang gezogene Stadt weist erhebliche Distanzen auf, und niemand will in der tropischen Hitze zu Fuß gehen. Die Riesenschar der Knattermobile ist guter Luft allerdings nicht gerade förderlich; in den blauen Schwaden auf der Rizal Avenue muss man oft schwer nach Atem ringen.
Ansonsten ist »Puerto« oder PPC, so die üblichen Kurzformen, supersauber und landesweit bekannt für diese Hygiene; es hat sogar Umweltpreise gegeben. Den meisten Reisenden dient die Stadt aber ohnehin nur als Durchgangsstation. Man legt vielleicht einen Tagestrip zu den Honda Bay Islands ein, die direkt vor der Tür liegen und schon ein wenig Südsee verheißen. Oder aber man rollt per Jeepney nach Roxas und setzt von dort auf Eilande über, auf denen es noch pazifischer zugeht.

Viele Besucher zieht es an die Westküste. Dort lockt bei Sabang als erstes Etappenziel der »Underground River«, eine über acht Kilometer lange, von einem seichten Fluss durchzogene Höhle. In Sabang schließen sich erfahrene Traveller auch gern zu Gruppen zusammen, mieten ein großes Auslegerboot und setzen damit die Fahrt nach Norden fort. Das lohnt sich, denn die gesamte Küste ist ein Augenschmaus. Als Erstes wird zumeist die schöne Bucht von Port Barton angelaufen. Die einsame Capoas Peninsula mit dem gleichnami-

Der philippinische Archipel weist mit die größte Artenvielfalt der Welt an »beschalten Mollusken«, so das Fachwort, auf. Die meisten davon sind Gastropoden (Schnecken), ein minderer Teil Pelecypoden (Klappmuscheln). Weit über 5000 Arten sind wissenschaftlich erfasst. Mindestens die gleiche Anzahl ist noch nicht endgültig klassifiziert; an einer Auflistung wird gearbeitet. Es besteht durchaus noch die Möglichkeit, auf unbekannte Arten zu stoßen. Sie nach sich selbst zu benennen, ist durchaus legitim ... Die meisten Mollusken sind relativ gleichmäßig über den ganzen Archipel verteilt, doch die größte Artenvielfalt gibt es im Süden. Um Muscheln als Souvenirs mitzubringen, halte man sich an die vielen Gehäuse am Strand. Lebende Muscheln dafür zu töten gilt heute als ökologisch schwer anstößig.

In den Cottages von Flower Island ist man gut aufgehoben

Die Welt ist heil auf diesen Inseln

Ausbeute nach einem Griff in den Meeressaum

gen Berg weiter nördlich sattelt diesen Eindrücken noch eins drauf. Die Reise wird ab hier gewöhnlich von vielen Ohs und Ahs begleitet.

In die ruhige Fläche des riesigen Malampaya-Sundes biegen die Boote zumeist nur ein, um ihren Passagieren eine Erholungspause von etwaiger Seekrankheit zu gönnen. Denn bereits wenig später erscheinen die ersten Felseninseln von El Nido auf der Bildfläche, und dann beginnt das große Fotografieren und Filmen ... Gut zwei Dutzend zählen diese bis zu 600 Meter steil aus der Bacuit-Bucht emporwuchtenden steinernen Türme und Klippen, denen saubere Strände zwischen- und bunte Korallenriffe vorgelagert sind. Die gesamte Gruppe steht unter Naturschutz; Besiedlung und Bebauung sind nicht statthaft.

Ein schöner Tag im Bacuit-Archipel

Im Bacuit-Archipel feine Strand-Resorts

Dennoch haben sich auf einigen Inseln dollarträchtige Resorts mit weitläufigen Strukturen niedergelassen. Sie dominieren das touristische Geschehen. Über das Für und Wider dieser Komplexe ließe sich lange diskutieren. Andererseits sorgt die alleinige Präsenz der Einrichtungen, deren Betrieb extrem rigiden ökologischen Auflagen unterliegt, für den Schutz und die Bewahrung der insularen Umwelt. Das hat sich auch als dringend erforderlich erwiesen, denn auf den leicht zugänglichen und wegen ihres Schutzstatus sehr fischreichen Korallenriffen des Archipels wurde immer hemmungsloser mit Dynamit und chemischen Giften hantiert. Die letzten Jahre haben durchaus zu Verbesserungen geführt, und das, obwohl klimatische Einwirkungen durch das liebe Kind El Niño viele Fortschritte wieder rückgängig gemacht haben.

El Niño, El Nido – beides hat nichts miteinander zu tun. Das eine ist die bekannte Meeresströmung, die das Klima ganzer Kontinente verändert, zumeist nicht zum Besseren. Das andere ist der kleine Ort an der Nordwestküste Palawans, nach dem die ganze Region lose benannt wird. Das Wort »nido« bedeutet »Nest« und bezieht sich auf die essbaren Schwalbennester, die hier überall von den Steilklippen gesammelt und wie vor tausend Jahren nach China exportiert werden. Auch El Nido liegt unterhalb eines solchen lotrechten Berghanges, der den hübschen Ort schon am

Die Bucht von El Nido (hinten: Cadlao Island)

Der Ort El Nido geht im dichten Grün fast unter

Die Insel Palawan nimmt im philippinischen Archipel sowohl geo- als auch biologisch eine ganz spezielle Stellung ein. Bis in ein relativ junges Erdzeitalter (Tertiär) war die Insel nämlich mit Borneo verbunden und weist deshalb bis auf den heutigen Tag viele dortige Strukturen auf. Der Rest des Archipels besaß sehr wahrscheinlich schon vorher eine nördliche Verbindung zum asiatischen Festland und ist geologisch eher kontinental gestaltet. Ebenfalls mindestens im Tertiär verschwand diese Brücke jedoch, und der Landkomplex zerfiel in einzelne Inseln – ganz anderer Konfiguration als heute allerdings.

Der Fang wird neugierig begutachtet

Die Inselwelt Nordpalawans sucht im gesamten Archipel der 7000 Eilande ihresgleichen

Zwischen den Einsätzen zieht man die Boote aufs Trockene

frühen Nachmittag in willkommenen Schatten taucht.

Erstmalig in El Nido anzugelangen und sich nicht spontan in das Städtchen zu verlieben, scheint unmöglich zu sein. Zahlreiche Mitteleuropäer haben sich hier zum Ausstieg entschlossen. Oft mit glücklosem Ende. Der Lebensweg des Kaspar Almeyer, tragikomische Romangestalt Joseph Conrads, scheint in manchen Fällen eindrucksvoll nachgezeichnet. Eine erstaunliche Ausnahme ist Elis Lim, der aussieht wie ein Nachfahr des chinesischen Piraten Limahong und der mit dem Ort groß (und stinkreich) wurde. Er zerbrach nicht am Paradies, sondern verbringt seine alten Tage mit Kartenspiel und freut sich diebisch, wenn er dabei den Jungs von der Coast Guard fünf Pesos abknöpft.

Politisch zu Palawan gehört ebenfalls der Archipel der Calamianes, weit im Norden bereits Mindoro gegenüber gelegen. Das Umfeld der größten Insel Busuanga mit dem Hauptort Coron gilt als eines der spektakulärsten Tauchreviere der Philippinen. Vor allem Wracktaucher kommen auf einem Schiffsfriedhof mit japanischen Kriegsfahrzeugen nahe der Insel Tangat auf ihre Kosten. Und wer Interessantes *über* Wasser sehen möchte: Auf dem Eiland Calauit im Nordwesten von Busuanga waren schon zu Marcos' Zeiten afrikanische Wildtiere angesiedelt worden. Das Projekt gedieh, und wer heute nach Calauit reist, gerät mitten in die afrikanische Wildnis.

REISE-INFO PALAWAN

Busuanga/Coron

Karte: Seite 110/111, Planquadrat G 4.

Anreise: Flugverbindungen von Manila und Palawan nach Busuanga. Der Hauptort Coron unterhält zudem häufige Fährverbindungen mit beiden Destinationen. Achtung: Eine regelmäßige Verbindung mit Mindoro besteht nicht!

Unterkunft: Coron hat eine große Anzahl von Herbergen mit moderaten Preisen (ab P100), überwiegend direkt am Wasser. Einige sind Pfahlbauten mit herrlich komfortablen Veranden. Im »Kokosnuss Garden Resort« (nicht am Ufer; kokosnuss@mozcom.com) kann man auch deutsch sprechen; Cottage ab P300. Auf Dimakya Island (an der Nordküste von Busuanga) der »Club Paradise« (Tel. Manila 838-4956, www.clubpar.com), auch deutsch gemanagt und mit Tarifen ab P10500.

Sehenswürdigkeiten: Herrliche Unterwasserwelt; viele Tauchbasen werden von Expatriaten geleitet, auch deutschen. Spannende Tauchgänge bei Tangat Island nach japanischen Kriegsschiffwracks.

Ausflüge: Beliebte Tour in den **Wildpark Calauit** (Eintritt P300), schwierige Anfahrt: Eine Straße führt nicht (ganz) hin, und von Coron aus ist die Bootstour ziemlich weit. Man wende sich an das Office of Palawan Council for Sustainable Development in Coron, wo ohnehin ein Permit beschafft werden muss. Faszinierend das Felseneiland **Coron** mit kleinen Stränden, Lagunen (»Barracuda Lake«) und zum Teil nur für Taucher erreichbaren Höhlen. Auf **Culion** befindet sich ein Leprosarium: Seit 100 Jahren waren dort alle Lepra-Patienten des Landes untergebracht. Jetzt leben nur noch einige Extremfälle in den Spitälern. Auf Culion zahlreiche prächtige, menschenleere Strände. – Sehr unregelmäßige Bootsverbindungen zu den Cuyo-Inseln.

Nordpalawan

Karte: Seite 112/113, Planquadrat A/B/C 3/4.

Anreise: Flüge von Manila nach El Nido (zum Teil via Busuanga) und Sandoval (Taytay). Jeepneys und Busse von Puerto Princesa nach Roxas, Taytay und El Nido. Die Überlandfahrt bis zum letzteren Ort ist jedoch eine Tortur. Es empfiehlt sich, Etappen einzulegen oder per Boot an der Westküste weiter zu reisen. Boote fahren ebenfalls von Agtay (westlich von Taytay) durch den Malampaya-Sund nach El Nido, eine herrliche Route.

Unterkunft: In **Port Barton** kommt man am besten in der »Swissippini Lodge« unter, die direkt am Strand liegt (P500–750/Cottage). Kontakt in Puerto Princesa: Floral Travel (Eigentümer). **Roxas** hat zahlreiche einfache Gasthäuser, zumeist in der Preisklasse um P150–200, doch dann kommt bis Taytay erst einmal gar nichts. **Taytay**, ein unansehnliches Nest, weist auch nur eine Hand voll kleiner Klausen auf, dafür aber ein französisches (!) Restaurant mit allem Comme-il-faut. In **El Nido** findet man dagegen eine ganze Schar von Herbergen. Sie sind im Vergleich zu den Resorts sogar spottbillig zu nennen. Durchschnittlich muss man mit P150–400 für ein Zimmer rechnen. Ein kleines Verkehrsbüro im Ortskern hilft bei der Vermittlung. Oder auch mal bei Rudi im »Blue Karrot Café« (Travellertreff) am Strand nachfragen. Auf den **Inseln** heißt es etwas tiefer in die Tasche greifen. Der ruhige »Malapacao Island Retreat« (leeann@pal-onl.com) bleibt mit $ 70 noch einigermaßen auf dem Teppich. »Marina del Nido«, »Lagen« und »Miniloc« (www.elnidoresorts.com) sind mit dreistelligen Dollarbeträgen dabei.

Im Bacuit-Archipel: »El Nido«-Resort auf Miniloc Island

Auch vor der Suluseeküste gibt es eine Anzahl von **Inselresorts**, zumeist in ausländischer Hand. Heile Umwelt mit wunderschönen Stränden und Tauchgründen sind generell garantiert. Den Reigen führt der »Amanpulo Resort« (reservation@amanpulo.com) auf der Cuyo-Insel Pamalican an, der sogar ein eigenes Flugfeld besitzt und in dem allein für eine Übernachtung schlappe 400–600 Dollar hingeblättert werden müssen. Der »Club Noah Isabelle (clubnoah@clubnoah.com.ph) auf Apulit Island bei Taytay ist von der Dimension her auch nicht gerade kuschelig; hier kehren vor allem japanische Gäste ein. Unter sich ist man auf Flowers Island (Basis: Taytay; P1000/Package) und im »Cocoloco Island Resort« (Basis: Roxas; cocoloco@pal.onl.com, für P240), also ganz zivil. Urige Robinsonaden kann man auf Brother Island im Nordosten erleben, das dem Wiener Alfred Hofer gehört. Dafür muss man allerdings erst einmal die Telefonnummer 5232539 in Wien für Direktiven anklingeln.

Essen (in El Nido): In »Clifford's Restaurant« kann man nicht nur speisen, man kann auch Cliffs Motorrad mieten. Am Dolarog Beach gibts Pizzen. »Elm Street Café« gilt als Nummer eins am Platze mit frischem Seafood. Der Chef in »JND's Foodhouse« kocht ganz nach Wunsch der Gäste. »Lally and Abet« erbitten drei Stunden Vorwarnung für Feines von P40–400. »Macmacs« Wirt ist Österreicher, deswegen gibt es dort den einzigen richtigen Kaffee! Im »Ricson's« kann man direkt am Strand dinieren, und »Vicenta's Eatery« ist auf Fisch spezialisiert.

Ausflüge: Für max. P350 kann man von El Nido herrliche Bootstouren unternehmen. Verschiedene Tauchexkursionen werden von mehreren Shops in El Nido angeboten. Die Resorts veranstalten auch Ausflüge. Besonders beeindruckend: Ein Abstecher in die »Blue Lagoon« von **Miniloc**, ein richtiger Fjord, der mit Steilwänden und kristallblauem Wasser besticht.

Puerto Princesa

Karte: Seite 112/113, Planquadrat C 3.

Anreise: Regelmäßige Flugverbindung (Jet) mit Manila und Cebu (via Iloilo) und große Passagierschiffe, die von und nach Manila fahren.

Unterkunft: Für Budgetreisende hält Puerto eine ganze Reihe (etwa 40) Pensionen bereit. Die niedrigsten Tarife für ein Zimmer liegen bei P125 (»Princesa Inn«, Malvar St., Tel. 433-4218). Es gibt sieben Hotels, deren Preise auf zivilem Niveau beginnen (»Palawan Airport Village Hotel«, Rizal Ave. Extension, Tel. 434-4436, P600–750; Palawan Hotel, Rizal Avenue, Tel. 433-2326, Islapal@mozcom.com, ab P572; »Puerto Airport Hotel«, 422 Rizal, Tel. 433-6514) und sich über ein Mittelfeld von durchschnittlich P1600 (»Asturias Hotel«, National Highway, Tel. 434-3851, asturias@pal-onl.com; »Hotel Fleuris«, Lacao St., Tel. 434-4338, hfleuris@mozcom.com) in gehobenere Sphären schaukeln (»Asiaworld Resort Hotel«, San Miguel, Tel. 433-2212, ab $ 140; »Legend Hotel«, Malvar St., Tel. 433-9076, $60-120).

Essen: Populär sind das »Kamayan Folkhouse« (Rizal Avenue), wo man grundsätzlich mit den Fingern isst (alles!), und das »Badjao Seafront« (Abueg St.) direkt am Wasser mit vorzüglichen Fischgerichten. Diverse in Puerto hängen gebliebene Boat People aus Vietnam haben mit ihrer exzellenten Küche die kulinarische Szene stark belebt. Das »Mien Tay« in der Malvar Street ist typisch für diese Gattung. An dieser Straße befindet sich auch der große öffentliche Markt, auf dem sich Selbstversorger vor allem mit feinen Tropenfrüchten eindecken können.

Sehenswürdigkeiten: Das Palawan Museum (J. Valencia St.) mit sorgfältig aufgemachten Exponaten zu Geschichte und Kultur der Insel sowie der Butterfly Garden (Santa Monica) mit Schmetterlingen und anderen Großinsekten.

Ausflüge: Die **Krokodilfarm** in **Irawan** bietet sich für eine Tagestour an. Längere Exkursionen lassen sich nach **Napsan** und **Nagtabon** an der Südchinaseeküste unternehmen, wo die Städter an Wochenenden gern Picknicks abhalten. Der am häufigsten gebuchte Ausflug ist zum **Underground River** bei **Sabang**, eine immer spektakuläre Unternehmung, bei der mit Auslegerbooten in die Stalaktitenwelt der Riesenhöhle eingefahren wird. Man kann das ganze Programm als Tagespackage buchen (um P1200), was

Die Insel Coron – hier in der Bucht vor Lake Kayangan – besticht mit vielen kleinen Buchten

sich allemal empfiehlt, oder aber man steigt in Sabang aus und in einem von mehreren Cottages ab, um dort längere Zeit zu verbringen. (Höhlenbesucher müssen dann ein Permit vom Office of St. Paul Subterranean Park, SA Santos Bldg., PPC, Tel. 433-2409, mitbringen). Reizvoll sind auch die **Bay Islands** in der Honda-Bucht mit zum Teil recht ordentlichen Schnorchelgründen. Einige Inseln haben Übernachtungsmöglichkeiten (Starfish Sandbar, Tel. 433-2740, P500).
Ins ganz große Abenteuer fährt man mit den Tauchbooten, die im Hafen bereitliegen. Wer den »Schein« hat, kann sich hier einklinken, und wenn die Tour nach **Tubbataha** geht, ist mit höchst exquisiten Taucherlebnissen zu rechnen. Die mitten in der Sulusee gelegenen Riffe und Sandinselchen gehören zu den schönsten Unterwasserrevieren der Welt; manche sagen, es sei die Nummer eins. Fahrt- und Unterkunftsbuchungen erledigen effizient Floral World Travel (263 Manalo Extension, Tel. 434-2540, floral@mozcom.com) und mehrere weitere Reisebüros. Man kann sich aber auch direkt an die Tourismusleute oder, im Fall von Tauchinteressierten, an verschiedene Dive Operators wenden (Island Divers: Tel. 433-5103, isdivers@mozcom.com).

Information: Am Flugplatz ist das City Tourism Office vertreten. Um mehr über Palawan zu erfahren, kann man sich an das Hauptbüro im Kapitol weiterreichen

Typisch Palawan: Vegetation bis ans Wasser

lassen (Rizal Avenue, Tel. 433-2968, www.palawan.net); die Vorwahl für Palawan ist 048.

Südpalawan

Karte: Seite 112/113, Planquadrat C/D 3/2/1.

Anreise: Von Puerto Princesa führt an der Suluseeküste bis Rio Tuba eine Straße entlang, die von Jeepneys und Bussen befahren wird, regelmäßig allerdings nur bis Brooke's Point. Eine gleiche Route an der Westküste ist in (zögerlichem) Bau.

Unterkunft: In den etwas größeren Orten Narra, Quezon, Brooke's Point, Rio Tuba und Balabac gibt es die üblichen Resthouses einfachsten Zuschnitts, die aber auch sehr billig sind (generell ab P50; »Edwin's« in Balabac sogar für P35). Einige Beach Resorts liegen vor beiden Küsten; die Strände können wegen der fast allgegenwärtigen Mangroven jedoch nicht mit denen Nordpalawans mithalten.

Sehenswürdigkeiten: Ein kleines Museum in **Quezon** gibt einen Überblick über den Werdegang des Tabon-Menschen. Die dazugehörigen Höhlen können anschließend mit einem Guide des Museums besichtigt werden. Viel gibt es dort allerdings nicht zu sehen. Da ist der **Tumarbong-Wasserfall** (am gleichnamigen Fluss) schon ergiebiger, zumal es dort sogar Übernachtungsmöglichkeiten gibt (Tabon Village Resort, Paraiso sa Falls), die ab P150 kosten. Oder eine Robinsonade auf **Malapackun Island**? Gar nicht teuer der Spaß – Interessierte können mal im Tabon nachfragen.

Wo Exotik-Träume wahr werden: Boracay & Co.

Fotos: Boracay hat sich trotz aller touristischen Entwicklungen sein exotisches Ambiente erhalten.

Nein, ein Paradies ist Boracay gewiss nicht mehr – aber auch kein Phuket. Das kleine Tropen-Eiland ist noch in einem relativen Gleichgewicht von Tourismus und Urwüchsigkeit. Das ebenfalls kleine Romblon bewohnen die wohl freundlichsten Menschen, Sibuyan mit dem Vulkan Guiting-Guiting gilt als die urigste Insel der Region. Auf Panay ist die Stadt Kalibo Ziel erfahrener Reisender: Die kommen nämlich für drei Tage zum ultimativen Ati-Atihan-Festival.

Fast genau in der geografischen Mitte des philippinischen Archipels liegt ein Eiland, das erst in jüngsten Jahren touristische Begehrlichkeiten geweckt hat. Der Name Boracay ist seither fast synonym für die insulare Pracht des Landes geworden. Noch gilt Boracay als Perle – fragt sich, ob es angesichts einer rasanten Entwicklung dabei bleibt.

Einst war das Inselchen Boracay das, was man sich landläufig unter dem Paradies vorstellt. Gerade mal sieben Kilometer lang und an seiner schmalsten Stelle einen Kilometer breit, von blendend weißen Stränden umgeben und von Hunderten von Kokospalmen umsäumt, von nur einigen wenigen schwarzhäutigen und in karger Subsistenzkultur lebenden Menschen bewohnt, verträumte das tropische Eiland die Zeit zwischen den Monsunen. Kaum jemand im Archipel der Philippinen war sich seiner Existenz bewusst.

»Einst« – das ist nicht etwa um Christi Geburt. So wie beschrieben sah Boracay im Jahr 1975 aus, als die Menschheit schon den Mond besucht hatte. Dann wurde die Insel »entdeckt«. Wenig später fanden sich die ersten Alternativreisenden ein; sie konnten schon 1980 in der Inselbäckerei nach Franzosenbrot verlangen. Danach ging es Schlag auf Schlag. Ferne Literaten besangen in grober Schreibmaschinenschrift die märchenhafte Schönheit der neu gefundenen Perle, und die nach der Unschuld der Natur dürstenden Massen der industrialisierten Länder ließen sich gern rufen.

Bei 100 000 Besuchern kein Paradies mehr: Boracay

Für sie rüstete das Eiland alsbald mächtig auf. Heute zählt der winzige Flecken am Nordwestkap von Panay circa 6000 permanente Bewohner und besitzt damit fast schon Stadtstatus. (Das Prädikat »City«, aus fiskalischen Gründen verliehen, wäre eigentlich angebracht.) Mindestens 100 000 jährliche Besucher finden Unterkunft in etwa 350 Beach Resorts mit 2000 Räumlichkeiten. Speisestätten rangieren von klebrigen Frittenschuppen bis zu feinen Mehrsternern, und die Dezibelfracht mehrerer Discos steht für alle, denen das Palmenrauschen zu öde wird, allnächtlich bereit. Auf dem Erlebnissektor bieten 16 Tauchshops ihre Dienste an, und natürlich kann man auch golfen, mountainbiken, reiten, segeln,

Boracay eignet sich großartig zum Faulenzen, heißt es

Das Wasser ist flach (und somit ungefährlich) vor Boracays Stränden

Die Boote fahren direkt bis an den Strand

windsurfen und – bestimmt unverzichtbar – kegeln.

Von Anfang an wirkten kluge, weitsichtige und naturverständige Planer am touristischen Aufbau der Insel mit. Boracay sollte »native« bleiben. Und das gelang auch. Gebäude mussten aus Holz und Bambus sein und durften keine zwei Stockwerke überschreiten. Beton war strikt verboten. Elektrisches Licht und Motorfahrzeuge blieben außen vor. Daran hielt man sich – lange.

Wenn das rasche Geld lockt, sind Umweltauflagen Makulatur

Doch die Phalanx der Traditionalisten zerbröckelt. Dass ausgerechnet die beiden letztgenannten technischen Segnungen in jüngerer Zeit Einzug auf der Insel gehalten haben, muss als echter Rückschritt betrachtet werden. Auch wird immer munterer drauflos zementiert; die ersten »Großanlagen« sind bereits entstanden und verdrängen den gemütlichen Bungalowstil. Als 1997 Grünalgen vor dem White Beach, Sahnestück der Insel und in der Tat der vielleicht schönste Strand der Philippinen, auftauchten, war Holland in Not – wohl oder übel musste man sich zum Bau einer Kläranlage durchringen.

Und dennoch. Trotz diverser Fehlentwicklungen hat die Insel weiterhin viel Charme, der Gäste – in stark zunehmender Zahl auch Filipinos – unvermindert anzieht. Immer noch lässt sich manches urige Eckchen entdecken, in dem es so ausschaut wie, sagen wir mal, 1980. Das delikate Gleichgewicht zwischen relativer insularer Urwüchsigkeit und den

Kein Mangel an Souvenirs auf Boracay

Mit dem Auslegerboot geht es weiter

Für die meisten heimischen Reiseveranstalter ist die Insel Boracay gleichbedeutend mit den gesamten Philippinen. Man kann Boracay als »Package« buchen, ohne mit dem philippinischen Alltag oder gar Normalbürger in Berührung zu geraten: Der Reisende rollt in Manila im klimatisierten Bus von einem Flugplatz zum anderen, steigt in die Anschlussmaschine nach Caticlan und setzt dort auf seine Trauminsel über, wo ihn, abgeschirmt von den Fährnissen der tropischen Welt, das durchgestylte Paradies erwartet. Nach zwei Wochen hat er viel von Boracay gesehen – aber nichts von den Philippinen.

»Die Gitarre und das Meer« sind hier am richtigen Platz

Anforderungen des Rollenkoffertourismus aufrechtzuerhalten, obliegt jetzt den Planern. Da dürfen sie keinen Fehler machen.

Alles da, wonach die Sinne lechzen

Boracay eignet sich großartig zum Faulenzen, heißt es. Das erweist sich schon daran, dass die meisten Besucher sich auf der Insel einnisten und zur Weiterreise offenbar wenig Lust verspüren. Warum auch? Es ist ja alles da, wonach die Sinne lechzen, und sogar noch ein bisschen mehr. Die Inseln im nahen Umkreis, so reizvoll sie auch immer sein mögen, bleiben deshalb von touristischen Invasionen (und Infrastrukturen) verschont. Sie sind eine andere Welt, die wahren Philippinen.

Nur einen symbolischen Steinwurf von Boracay entfernt liegt Romblon, ebenfalls

Romblon: Marmor, wohin man auch blickt

Das Videozeitalter hat auch hier seine Spuren hinterlassen

Frauliche Schönheit hat einen extrem hohen Stellenwert auf den Philippinen, wo feminine Grazie den meisten weiblichen Wesen in die Wiege gelegt wird. Wer ist die Schönste im ganzen Land? Diese Frage wird auf zahllosen Wettbewerben entschieden, die selbst im kleinsten Dorf stattfinden und in den Städten zu Riesenfeten mutieren. Wer »Miss« werden möchte, muss nicht nur gut aussehen, sondern auch Bildung mitbringen. Die prächtigsten »Contests« halten die *bakla* (Homos) ab, manche atemberaubende Schönheit darunter.

»Prinz-und-Prinzessin«-Parade in Romblon

Gutes Aussehen – schon im Schulalter wichtig

Tropisches Ambiente: Romblons Kirche ist zur Gänze grün umkränzt

nur ein Pünktchen auf der Karte von Südostasien. Doch Romblon ist auch nicht ganz ohne. Schon weil ein Großteil der insularen Substanz aus erstklassigem Marmor besteht, der das Eiland zu einem Aktivposten der philippinischen Wirtschaft macht und vielen Menschen zu Lohn und Brot verhilft. Insofern besitzt das kleine Romblon gewissermaßen eine Schwerindustrie. Und die Vorkommen reichen noch für viele, viele Jahre.

In Marmor gehauen: Romblons Gegenwart und Zukunft

Romblons Marmor weist zwar nicht den Glamour des italienischen aus Carrara auf, dessen durchscheinende, »lebendige« Eigenschaft, die sich schon Michelangelo in seinen Bestellungen ausbedingte. Er lässt sich eher mit dem bunten Potpourri vergleichen, das sein Herkunftsland ethnisch reflektiert. Der Stein zeigt die weiteste Skala von Farbnuancen: von jungfräulichem Weiß zu zartem Rosa und Grau und Gelb, dann wieder Violett oder Grün, und alles anmutig ineinander verwoben. Der insulare Marmor ist nicht von der feierlichen Art, sein lustig-farbiges Gewölk passt zu keiner strengen Struktur. Er ist insofern typisch philippinisch.

So kann man auch die Abbaumethoden nennen. Auf diese Weise wurde schon vor zweitausend Jahren und bis weit ins 19. Jahrhundert der Carrara aus dem Berg geschlagen: mit Hammer und Meißel. Dann führte man 1896 – in Italien – Schneidedrähte ein und 1965 Bandsägen, die den Stein wie Weichkäse zerteilten. Früher fielen der gefährlichen Industrie Hunderte von Bergwerkern zum Opfer, heute kaum noch einer.

Doch auf Romblon ist der Umgang mit dem Stoff trotz mancher moderner Gerätschaften so riskant wie eh und je. Nicht nur gerät ab und zu ein badebelatschter Arbeiterfuß unter einen tonnenträchtigen Block. Es kommt auch vor, dass solch ein Trumm, von dünnen Warnrufen begleitet, plötzlich von einem Berghang in die Tiefe taumelt. Wer dann

Von Sicherheitsschuhen hält man hier nichts ...

im Weg steht, hat schlechte Karten. Den »fakultativen Besuch eines Steinbruchs« sollten sich Reisende deshalb lieber verkneifen. Es gibt in der Hauptstadt Romblon ohnehin genug zu sehen, und seien es die Werkstätten, in denen das Gestein zu schweren Souvenirs verarbeitet wird.

Auf keiner Insel sind die Menschen netter

Palawan ist nach allgemeiner Auffassung die schönste Großinsel der Philippinen, Boracay die lieblichste kleine. Romblon ist die freundlichste. Nirgendwo erscheinen die Leute netter als auf dem Marmor-Eiland, nirgendwo sonst hat man den Eindruck solch gelungener Harmonie zwischen einem menschlichen Habitat und seinen Bewohnern. Das beginnt bereits bei der Einfahrt in die weitläufige Bucht, an der der Ort liegt. Kein anderes Hafenpanorama auf den Philippinen ist derart »mediterran«, fast ägäisch. Und kaum steigt man am Kai an Land, befindet man sich mitten in einem Städtchen, dessen anheimelnde Atmosphäre alte Zeiten wieder wachruft und die weit und breit ihresgleichen sucht.

Dies gilt sogar für die Kirche aus dem Jahr 1726. Sie schmiegt sich unaufdringlich in das viele Grün, das die Insel ebenfalls

So entsteht der allseits beliebte Trockenfisch

Sibuyan: Schwer beladen schwankt das Tricycle

auszeichnet; gleich dahinter beginnen schon wieder die Marmorbrüche und die insulare Natur.

Vom Tourimus unberührt: die Insel Sibuyan

Wem dies alles noch nicht urwüchsig genug ist, muss sich eine Insel weiter bemühen. Sibuyan Island, das nun wirklich exakt zentral im Archipel der siebentausend Eilande liegt, weist so gut wie gar keine touristische Berührung auf. Der Grund dafür ist, wie fast immer, in mangelnden Stränden zu suchen; Sibuyan hat insofern nichts Spektakuläres anzubieten. Der bildbeherrschende Mt. Guiting-Guiting, aus dem die Insel praktisch besteht, macht derartige Defizite jedoch wieder wett.

Zwar ist der Berg gerade mal etwas über 2000 Meter hoch. Aber sein Fuß steht auf Nullniveau, und wer den »Riesen von Sibuyan« erklettern will, muss zwei echte vertikale Kilometer kraxeln. Eine solche Tour führt fast zur Gänze an Bächen und Wasserfällen vorbei durch herrliche Vegetation. Wie dicht die Bergdschungel in den oberen Bereichen sind, ist schon daran ersichtlich, dass es bis 1992 dauern sollte, bis dort zufällig ein verschollener US-Bomber aus dem 2. Weltkrieg gefunden wurde.

Lange Jahre hielt sich auf Sibuyan das Gerücht, dass der Guiting-Guiting wie ein Magnet Fremdes an- und aufsauge und unter meterdicken Moospolstern begrabe. Der Fund des Flugzeugwracks gab diesen Legenden neuen Auftrieb und führte dazu, dass Besucher davor gewarnt wurden, diesen »verwunschenen« Berg zu erklettern. Für die vielen Wasserfälle an dessen Hängen gibt es nämlich ebenfalls eine ganz plausible Erklärung: Der Berg hat dank seines Magnetismus auch die Seelen verstorbener reicher Großgrundbesitzer und korrupter Politiker an sich gezogen, die jetzt in seinem Innern bittere Tränen weinen. Sie warten darauf, dass endlich ein Kamel durch ein Nadelöhr gehe, gleichbedeutend mit der biblischen Aussage, dass ein Reicher in den Himmel komme – vergebliche Liebesmüh. Also wird weiter geweint, die Wasserfälle rinnen, und die Moose und Sümpfe am Berg gedeihen.

Obwohl gerade mal 2052 Meter hoch, wurde der Mt. Guiting-Guiting erst 1982 erklommen. Der Grund für diesen vergleichsweise späten Zeitpunkt waren die relative Abgeschiedenheit der Insel Sibuyan sowie schwierige Kletterbedingungen im oberen Teil des Berges, der aus Steilhängen und messerscharfen Graten gebildet wird. Ein paar Jahre danach kamen vier junge Filipinos, darunter zwei Frauen, am Guiting-Guiting ums Leben, als eine Flutwelle den Canyon hinabfegte, in dem sie kampierten. Wer gut abgesichert auf die Bergtour geht, wird mit wunderbaren Ausblicken und herrlicher Natur belohnt. Basis für Kletterer ist der Ort Magdiwang.

Auch wird gern berichtet, dass sich im Guiting-Guiting ein riesiger Magnet befände, der die Instrumente von Flugzeugen durcheinander brächte und dieserart zu Abstürzen führen könne. Diese Legende bestand, wohl gemerkt, bereits, bevor der amerikanische Flieger gefunden wurde. Und so völlig abwegig ist sie gar nicht einmal.

Von der Insel Homonhon im Leyte-Golf wird Ähnliches kolportiert. In der Tat besteht die Insel großenteils aus purem Eisenerz und brachte bei der Invasion des Jahres 1944 die Piloten wirklich in Verwirrung ...

Das in den Dschungeln des Berges lebende Naturvölkchen der Sibuyanes macht sich jedoch nichts aus solchen

Der Mt. Guiting-Guiting beherrscht Sibuyans Panorama

Beim Reisdreschen ergeben sich stets »typisch philippinische« Szenen

Legenden und führt ein recht fröhliches und zufriedenes Dasein. Keine ethnische Minderheit auf den Philippinen ist wahrscheinlich glücklicher als diese einfachen Menschen – zumal die massiven, in den 1980ern durch korrupte Lokalpolitiker in Gang gesetzten Abholzaktionen am Guiting-Guiting nun Vergangenheit sind.

Panay ist die Wiege der zentralen Inselwelt

Die größere Insel Panay im unmittelbaren Süden gilt als eigentliche Wiege der visayischen Volksgruppen, die sich über den gesamten Mittelteil der Philippinen ausgebreitet haben. Den kleinen Archipel mit Boracay, Romblon und Konsorten verknüpfen mehr politische und ethnische Bande mit Panay als etwa mit dem nicht viel unferneren Luzon. Auch auf der großen Nachbarinsel geht es überwiegend ländlich-sittlich zu.

Eine gewisse Ausnahme macht die quirlige Hafenstadt Iloilo an deren Südostzipfel. Wirkliches Großstadtflair wird man dort trotz des Anhängsels »City« und trotz etwa 335 000 Bürgern aber nicht erleben, denn Iloilo ist halt Teil einer gründlich rustikalen Insel. Eher noch lassen sich chinesische und altspanische Elemente als urbane Beiträge ausmachen. Doch kaum hat man die Stadt verlassen, beginnt die tiefe Provinz. Mühsam nur kommt man mit öffentlichen Verkehrsmitteln von der Stelle.

Oben an der Nordostküste gerät man gleich wieder in Gefilde, die, falls überhaupt an irgendetwas Touristisches, an die rudimentärste Variante des Gewerbes gemahnen: wunderschöne Inseln,

Bei Magdiwang: Für ein Basketballspielchen ist immer mal Zeit

unter denen vor allem Pan de Azucar, Sicogon und die beeindruckenden Gigantes hervorzuheben sind, auf denen kaum mal ein Bungalow zu sehen ist. An allen anderen Küsten der Insel gibt es keinen Fremdenverkehr, man betreibt Fischerei und bestellt den Acker.

Kalibos Ati-Atihan-Festival ist einfach unschlagbar

Zumindest einmal im Jahr muss richtig gefeiert werden. Zwar haben jedes Dorf und jede Stadt eine eigene Fiesta, auf der dann der Bär los ist. Doch für die ultimative Dröhnung auf Panay sorgt das Ati-Atihan-Festival in der Stadt Kalibo an der Nordküste, das in Bezug auf Aufwand, Farbenpracht und Lärmentwicklung im ganzen Land als einsame Klasse gilt.

Die Ursprünge der am ersten Tag der dritten Januarwoche beginnenden Fete liegen im Dunkel der Zeit verborgen, weil vor Ankunft der Spanier kaum etwas dokumentiert wurde. Was sich heute auf historische Ereignisse beruft, besteht überwiegend aus Legende, Folklore und der landestypischen Neigung zu Konfabulation, nämlich etwas Erdachtes auch als Erlebtes darzustellen.

Was immer: Um die Mitte des 13. Jahrhunderts mussten laut Überlieferung zehn Datus (= Häuptlinge) ihre Heimat Borneo fliehen, weil ihr dortiges Imperium kollabiert war. Sie landeten auf Panay und erwarben im Tauschhandel Land von den schwarzhäutigen Ati-Insulanern, die sich angesichts der dargebotenen feinen Sachen bereitwillig auf das Geschäft einließen. Froh, dass die Transaktion so reibungslos vonstatten gegangen war, färbten sich die Ankömmlinge aus Sympathie mit den Ati die Gesichter schwarz und ließen eine riesige Party steigen ... So die Legende.

Dass sich braune und schwarze Menschen auf den Philippinen bis auf den heutigen Tag nie so recht grün waren und ob die halb sesshaften Ureinwohner das Prinzip des Landbesitzes im 13. Jahrhundert überhaupt kannten, spielt dabei kei-

Manche Kostüme sind eine einzige Farbenpracht

Musik gehört unbedingt zum Ati-Atihan

Die Zuschauer reißt es unweigerlich mit

Beim Ati-Atihan-Fest ist auch die Figur des Sto. Niño immer dabei

Eine Parade löst beim Festival in Kalibo die andere ab

ne Rolle; die Sache wird schon ihre Richtigkeit haben. Der Akt der Schwärzung ist deshalb zentrales Thema des Ati-Atihan, das die Szene drei Tage lang – Schlachtruf: »Puera pasma – nur keine Müdigkeit!« – beherrscht und dem Beschauer den Eindruck vermittelt, sich im tiefsten Afrika zu befinden.

Natürlich tritt auch das Santo Niño, das heilige Jesuskind, in Erscheinung. Denn nicht nur in Cebu ist es präsent, wie im nächsten Kapitel geschildert werden soll. Auch auf Panay vollbrachte es diverse Mirakel. Gegen »Gäste« aus dem Süden, die zu spanischen Zeiten kamen und nicht mehr friedlich Land kaufen wollten, sondern nur auf Mord und Totschlag aus waren: muslimische Piraten. So wurde es zumindest von der Geistlichkeit dargestellt.

Ruhe nach dem Rummel auf der Insel Negros

Aus den Elementen animistische Traditionsverhaftung, katholische Muttergottesverehrung und Wundergläubigkeit besteht der Ati-Atihan-Karneval, dessen ausgelebte Intensität den Besucher unweigerlich mitreißt und zum Mitmachen verleitet. Und wer nach drei Tagen pausenlosen Trommelns und Pfeifens, Tanzens und Kampftrinkens noch nicht genug hat, kann den Schauplatz am darauffolgenden Wochenende in das benachbarte Ibajay verlegen. Dort geht der ganze Rummel dann von vorn los.

Zur Erholung von dem Rabatz empfiehlt sich der Norden der Insel Negros mit endlosen Zuckerrohrfeldern, urigen alten Dampflokomotiven, dem faszinierenden Vulkan Kanlaon (2465 m), der mäßig betriebsamen Provinzhauptstadt Bacolod und einigen verstreuten Inselchen, auf denen der ausländische Besucher noch als Exot empfunden wird.

Und keine Sorge wegen etwaiger Ati-Atihan-Entzugserscheinungen. Auch auf Negros mit seiner hart arbeitenden ländlichen Bevölkerung wird stramm gefeiert. Das MassKara-Festival in Bacolod Ende Oktober/Anfang November dauert sogar eine ganze Woche!

Wie auf allen Fiestas der Philippinen sind Kostüme, Musikinstrumente und anderes Zubehör beim Ati-Atihan im Besitz der Akteure. Organisiert wird aus dem Stegreif nach nur oberflächlicher Absprache mit einem Festkomitee – Filipinos besitzen für so etwas großes Talent. Und auch für das Abkupfern von Sausen wie das Ati-Atihan. Nicht nur in Ibajay gibt es eine Kopie. Auch anderswo auf Panay feiert man das »Binirayan«, »Dinagyang« und »Handugan« – sämtlich Nachstellungen der historischen Datu-Landung.

REISE-INFO
ZENTRALE INSELN

Boracay

Karte: Seite 112/113, Planquadrat A 6.

Anreise: Von Caticlan auf Panay regelmäßig Motorboote nach Boracay. Caticlan wird bis zu sechs Mal täglich mit Flügen direkt von Manila bedient. Von Manila oder Cebu auch Flüge nach Kalibo; von dort fahren Jeepneys nach Caticlan. Das hat zudem zwei Mal wöchentlich direkte Fährverbindung mit Manila. Direktbusse von Iloilo nach Kalibo starten zum Teil schon 3 Uhr morgens.
Warnung: Fahrten mit Auslegerbooten ab Looc (Tablas) sind um die Jahresmitte und ab Roxas (Mindoro) um die Jahreswende besonders riskant. Die großen Kursboote gelten als sicher.

Unterkunft: Teuer sind »Club Panoly« in Yapak (Tel. 288-3134, ivcrsvn@worldtelphil.com) und »Lorenzo Villas« in Manoc-Manoc (Tel. 288-3513, reservations@boracay-lorenzo.com): Preise von US-$ 120 bzw. 150. In den Cottages des Dörfchens Angol beginnen die Preise bei P250. Es gibt sogar eine Art Jugendherberge der High School von Balabag (Tel. 288-3077), in der P100 pro Person in der Hauptsaison (Winter) und sonst P60 fällig sind.

Sehenswürdigkeiten: Keine – aber berühmt ist der vier Kilometer lange und palmenumkränzte White Beach an der Westküste. Man fährt zum Dead Forest (ein paar versteinerte Baumstämme) an die Ostküste und den Bat Caves im Norden, wo man vielleicht ein paar Fledermäuse zu sehen bekommt. Gleich daneben das kleine Kar-Tir-Museum mit Schwerpunkt auf Muscheln.

Ausflüge: Im Norden, bei Diniwid Point, ist Tauchen wegen vielerlei Großgetier (in erheblichen Tiefen) am spannendsten. »Island Hopping« geht generell zu der Nachbarinsel **Carabao** oder nach dem kleinen **Semirara-Archipel** im Westen.

Information: Mini-Büro des Dept. of Tourism in Balabag: Fax 288-3689. – Vorwahl Boracay/Kalibo 036.

Negros (Norden)

Karte: Seite 112/113, Planquadrat B 7.

Anreise: Bacolod City hat Flugverbindungen mit Manila und Cebu. Passagierschiffe nach Manila und allen größeren Hafenstädten der Region.

Unterkunft: In **Bacolod** das erste Haus: »Bacolod Convention Plaza Hotel« (Magsaysay Ave., Tel. 434-4551, bcphotel@mozcom.com; P2500). Mittelklasse: »Bascon Hotel« (Gonzaga St., Tel. 435-4071, melbas@mozcom.com; P400).

Sehenswürdigkeiten: Sugar Museum in Bacolod. Oldtimerloks in Bago, La Carlota, Ma-ao, Silay und Victorias.

Informationen: City Tourist Office, Bacolod Plaza, Tel. 434-7472; Provincial Tourist Office, South Capitol Road, Tel. 433-2515. – Vorwahl Bacolod 034.

Panay

Karte: Seite 112/113, Planquadrat A/B 6/7.

Anreise: Iloilo City hat regelmäßige Flugverbindungen mit Manila, Cebu, Davao und Puerto Princesa. Fährschiffe nach Manila und allen größeren Häfen im Umfeld mit Einschluss von Palawan und Mindanao.

Unterkunft: Im »Iloilo Midtown« (Yulo St., **Iloilo**, Tel. 336-6888, midtownhotel@worlddelphil.com) kostet das Zimmer P854. Hotels der ersten Klasse wie das »Sarabia Manor« (Gen. Luna St., Tel. 335-1021, smxhotel@iloilo.net) verlangen um P1200. Gasthäuser, so die »Lelac Inn« (Lopez Jaena, Tel. 329-3113), liegen bei P660 und Pensionen wie »Rosa Maria« (Rizal St., Tel. 320-1142) bei P450.

Essen: Man isst im »Ang Kamalig« (Valeria St.), »Ocean City« (Gen. Luna), »Rest Along the River« (San Joaquin) und »Stockyard Food Haven« (B. S. Aquino).

Sehenswürdigkeiten: Als besuchenswert gelten die **Iloilo** nahe gelegenen Gotteshäuser von Cabatuan, Guimbal, Janiuay, Jaro, Molo, San Joaquin, Sta. Barbara und Tigbauan. Das Museo Iloilo (Bonifacio Drive, täglich offen) nimmt sich des kulturellen Erbes der Stadt an; ähnlich ist das Rosendo Mejica Museum (Baluarte). Es gibt sogar ein interaktives Wissenschaftsmuseum auf dem National High School Campus.

Negros: Musikpavillon in Bacolod

Ausflüge: Binugsukan, Bucari, Darangkulan, Nadsadjan, Nagpana, San Juan und Santa Ana sind Erfrischung verheißende Wasserfälle rund um Iloilo. Im Mai Wasserbüffelrennen in **Pavia**. In der Westküstenprovinz Antique bietet der **Mt. Madjaas** (2090 m, Basis: Culasi) Bergfreunden jede Menge Natur.

Information: Dept. of Tourism, Capitol, Bonifacio Drive, Iloilo City, Tel. 337-5411 (www.iloilo.net/dot). – Vorwahl Iloilo 033.

Romblon/Sibuyan

Karte: Seite 110/111, Planquadrat G 7.

Anreise: Vom Flugplatz auf Tablas geht es per Jeepney nach San Agustin im Norden. Von dort setzt drei Mal täglich ein Boot nach Romblon-Town über. Romblon hat außerdem Schiffsverbindungen mit Batangas, Lucena und Manila. Magdiwang auf Sibuyan ist über ein tägliches Boot mit Romblon verbunden.

Unterkunft: Das »Bay View« kostet P500. Agnay, im Inselwesten, wartet mit Baumhäusern auf (»Selangga Tree Houses«, P250). »D'Marble Beach Cottages«, ganz in der Nähe, haben einen marmorweißen Strand. Im »Cabanbanan Beach Resort« (frank.dastych@t-online.de) im Norden kostet das Cottage P700.

Essen: Zur linken Hand an Romblons Hafen (von See aus gesehen) befinden sich mehrere kleine Restaurants, in denen man (am besten auf Vorbestellung) exzellente Fischgerichte erhält.

Sehenswürdigkeiten: Der hispanische Stadtkern von **Romblon** fiel 1991 einem Großfeuer zum Opfer. Zwei Forts von 1640 sind noch da. Auch die alte Kirche sollte man besuchen. Überall kann man zusehen, wie Marmor verarbeitet wird.

Ausflüge: Für Naturliebhaber bietet sich das benachbarte **Sibuyan** mit seinem prächtigen Mt. Guiting-Guiting als abenteuerliches Reiseziel an.

Auf der Insel Negros ist die Zuckerrohrernte in vollem Gang

Für die Kinder wie eine unendliche Zuckerstange

Das Rohr wird per Machete geschlagen

Auf dem Gelände der Zucker produzierenden Victoria Milling Company

Fast die Hälfte, etwa 450 000 Hektar, der Insel Negros besteht aus Zuckerrohrfeldern. Deren Output wiederum stellt zwei Drittel der gesamtphilippinischen Zuckerproduktion dar. Der Anbau des Zuckerrohrs begann Mitte des 19. Jahrhunderts. Negros wurde sozusagen in »Baronate« aufgeteilt, deren Herren ein Feudalleben führten. Eine unglückselige Entwicklung, die beim Verfall des Zuckerpreises in den 1980ern schwere soziale Konvulsionen nach sich zog. Mit der Preis-Stabilisierung und Bereinigung der ärgsten Probleme ist nun Ruhe eingekehrt – bis auf weiteres.

Wer artig fragt, darf gern mal mitfahren auf der Zuckerrohr-Lok

Boomtown Cebu und Strände für jeden Geschmack

Gr. Foto: Fort San Pedro in Cebu City. Kl. Foto: Spanischer Wachturm bei Punta Cruz auf Bohol.

Insel und Stadt Cebu waren schon zu Zeiten Magellans eine wirtschaftlich aktive Region und Zentrum der Kultur. Heute hat Cebu erneut den Rang eines »Kleinen Tigers«; man sieht der Stadt auch an, dass es ihr gut geht. Trotz der Nähe der dröhnenden Metropole findet der Besucher jedoch attraktive Tauchreviere. Die gibt es vor allem auf der Nachbarinsel Mactan. »Typisch philippinische« Rustikalität bietet dagegen das nicht weit entfernt gelegene Bohol.

Am Ostersonntag 1521 wurde auf der Insel Limasawa zwischen Cebu und Leyte die erste heilige Messe auf dem soeben von Ferdinand Magellan entdeckten philippinischen Boden zelebriert. Heute, in der Jetztzeit, geht auf Limasawa alljährlich am 31. Mai eine Art Passionsspiel über die Bühne, das die fromme Handlung nachempfindet. Da die Akteure Insulaner sind, von denen keiner einen rechten vierschröti-

Schon die xte Version: »Magellan's Cross«

gen Konquistador abgibt, muss Schuhwichse für Bärte herhalten, und mangels authentischer Musketen nimmt man halt MPs aus Plastik. Die spanischen Rüstungen sind aus Pappe, und die Schuhe haben drei Streifen. Auch wird das Lampenfieber kräftig mit Zigaretten und Bier bekämpft. Dennoch wird die Aufführung mit größtem Ernst verfolgt. Nur wenn, jedes Jahr erneut, dem Häuptling von Limasawa das Gastgeschenk des Königs von Spanien – eine Dose Johnson's Babypuder – überreicht wird, geht brausendes Gelächter durch die Reihen der Zuschauer ...

Reisefüchse fliegen Cebu als ersten Landepunkt auf den Philippinen an. Das ist seit einigen Jahren leicht machbar und erspart den Stress mit dem Moloch Manila. Man wird die ganze Atmosphäre, schon im Airport-Terminal beginnend, angenehmer und entspannter als in der Hauptstadt empfinden; außerdem ist alles viel kompakter und übersichtlicher. Dies dürfte der Hauptgrund sein, weshalb sich in und auf Cebu mehr Deut-

Cebu: Wohlstand in kolonialer Zeit – im Casa Gorordo Museum

Filipinos lieben solche Kitschbildchen

Gute Lage: Taoist Temple (unten)

Im Casa Gorordo Museum in Cebus Lopez Jaena Street lässt sich nachempfinden, wie höchst angenehm man zu kolonialen Zeiten auf den Philippinen zu wohnen verstand. Die edlen Hölzer, das gediegene Mobiliar, das luftige Ambiente – es ist alles so ganz anders als heute. Allerdings gehörte das stattliche Anwesen auch einer Familie, die sich etwas Besseres leisten konnte: Der Gorordo-Clan, nach dem das heutige Museum benannt ist, stellte keinen Geringeren als den ersten Bischof von Cebu ... Gebäude im Stil des Casa Gorordo füllten vor hundert Jahren einen ganzen Stadtteil von Cebu, den Parian. Nur vier davon blieben erhalten – darunter das Museum.

Cebus Basilica Minore del Santo Niño gilt auf den ganzen Philippinen als heilige Stätte

sche und sonstige Ausländer als sonstwo im Land angesiedelt haben. Mancher hat sich hier wahre Prunkvillen errichten lassen. Doch Cebu ist nicht nur wegen der schönen Wohnmöglichkeiten beliebt, sondern auch, weil man dort kräftig die Sau rauslassen kann. Die Cebuanos, ein milde gestimmter Menschenschlag, sehen über so etwas lächelnd hinweg.

Magellans Ende und ein Krieger wird Nationalheld

Ist man in Cebu Ausländern besonders gewogen? Bei Magellan zumindest hat man noch recht üben müssen: Flugs für lokalpolitische Interessen eingespannt, wurde er gerade drei Wochen nach seiner Ankunft in einer Fehde gegen einen aufmüpfigen Clan auf der Insel Mactan erschlagen. Ein Krieger namens Lapulapu, der den Aufstand anführte, ist heute Nationalheld, und zahlreiche Cebuanos machen (entgegen jedweder Realität) geltend, direkte Abkömmlinge dieses Heroen zu sein.

Der portugiesische Entdecker nimmt auf den Philippinen übrigens einen ähnlich zwiespältigen Rang ein wie Kolumbus in Lateinamerika. Man ist sich zwar des Umstands bewusst, durch das Wirken des tüchtigen Mannes Teil der Weltkarte geworden zu sein. Zugleich verabscheut man aber aufs Heftigste dessen Anspruch der »Entdeckung«. Existierte man nicht schon längst, bevor dieser Ausländer dahergesegelt kam und seinen Zufallsfund zur globalen Großtat emporstilisierte? So argumentiert man nicht ohne Logik.

Deshalb erweist man dem Entdecker auch so gut wie keine Ehren. Auf Mactan, wo der Portugiese zu Tode kam, hat man ihm bei Punta Engaño lediglich ein dürftiges Denkmälchen in ein unratübersätes Umfeld gesetzt. Sein Bezwinger Lapulapu, in Erwartung neuer Invasoren finster aufs Meer hinausstarrend, glänzt ein Stückchen weiter unübersehbar teuer und von Fototouristen umtanzt von einem klobigen Sockel.

Im Kielwasser Magellans erschien, wenn auch über vierzig Jahre später, der Konquistador Miguel López de Legazpi. Am

27. April 1565 gelangte er eroberungsbereit in Cebu an. Wieder war ein Held da, der den Fremden Einhalt gebieten wollte, doch Rajah Tupas bezog schwere Dresche von den Spaniern, und Cebu wurde ein Raub der Flammen.

Von Cebu ging die Katholisierung des Landes aus

Als alles vorbei war, fand man in einer Hütte die unversehrte Heiligenstatue des Santo Niño de Cebu, die Ferdinand Magellan am 21. April 1521 der Königin Juana als Taufgeschenk überreicht hatte. Es war wohl mehr dieser Wunderfund als alle bekehrerischen Bemühungen der Spanier, der eine endgültige Konversion der Cebuanos zum Katholizismus nach sich zog. Die neue Religion verbreitete sich von diesem Zeitpunkt an wie ein Buschfeuer über fast das gesamte Land und machte es zur einzigen katholischen Bastion Asiens.

Dem Niño wurde an der Fundstätte eine eigene Kirche errichtet, und das »Kind« ist bis auf den heutigen Tag Gegenstand einer geradezu abgöttischen Verehrung. Abgesehen von diesem und einigen weiteren Andenken aus alter Zeit kann man Cebu aber keineswegs als »spanische« Stadt bezeichnen.

Markt in Cebu: Innerhalb kurzer Zeit wird die Fischhändlerin ihre Ware verkauft haben

Auch das »Kreuz des Magellan« nahe der Basilika ist noch so ein Relikt. Es steht in einem offenen Pavillon, ständig knien Gläubige davor. Keineswegs jedoch handelt es sich um das Original. Schon in der Vergangenheit schnitzten Eiferer immer wieder Reliquien aus dem Holz, und alle paar Jahre musste neu gezimmert werden, weil kein Kreuz mehr da war.

Fort San Pedro, nebenan, geht auf den Eroberer Legazpi zurück und beherbergt heute ein Museum. Colon Street, ungerechterweise nach Kolumbus benannt, stammt ebenfalls aus jener Epoche und gilt als älteste Straße der Philippinen. Sehr spanisch geht es dort dennoch nicht zu. Oft wird man mit Chinesischem konfrontiert. »Cebu hat kein Chinatown«, erklärte ein Lokalpolitiker unlängst: »Cebu *ist* Chinatown!« Der Mann muss es wissen. Seine Vorfahren kamen immerhin einst aus Fujian.

Die meisten Blumen kaufen Kirchgänger

Auch wenn es überall Einkaufszentren modernsten Zuschnitts gibt, wollen die Verbraucher keinesfalls auf ihre traditionellen Märkte verzichten, auf denen die bunten Waren unter freiem Himmel oder in riesigen Hallen angeboten werden. Selbst in kleinen Städten bieten Minimärkte, *talipapa* genannt, alles zum täglichen Leben Erforderliche an. Dazu zählen vor allem Reis, Fisch, lebende Hühner, Eier, Früchte, Gemüse, Süßkartoffeln und Zutaten wie Öl, Salz und Gewürze. Auf den öffentlichen Märkten nimmt niemand Anstoß daran, wenn die Ware nicht nur prüfend betrachtet, sondern auch betastet und berochen wird, man kauft halt nicht die Katze im Sack. Und feilschen (*tawad*) gehört auch dazu – sonst macht das Ganze ja keinen Spaß!

»Diese Hühner sind garantiert Freiland, Sir!«

»Nirgendwo finden Sie frischere!«

Cebu zählt knapp 700 000 Einwohner, ist also bereits ein ganz schöner urbaner Brocken – drittgrößter des Landes nach Davao. Die Menschen darin sind, wie erwähnt, von milden Umgangsformen und freundlichem Gebaren.

Wirtschaftlich höchst potent: die Stadt Cebu

Auf geschäftlichem Gebiet zeichnen sich die Cebuanos jedoch durch eine eher aggressive Mentalität aus. Kombiniert man selbige mit dem massiven Finanzpotenzial der chinesischen Gemeinde, erreicht man rasch die ökonomische Grundlage, auf der die »Kleinen Tiger« Südostasiens ihren Status erlangten. Cebu nimmt auf den Sektoren Schifffahrt, Fischerei, Bergbau, Manufaktur, Import, Export eine führende Position auf den Philippinen ein. Der Stadt haftet deshalb (und wegen der vielen Chinesen) der Spitzname »Klein-Singapur« an.

Die Insel Cebu ist unattraktiv; aber es gibt Filetstücke: die Eilande im Osten. Auf Mactan brummt heute der Tourismus. Ganz zuoberst steht der Tauchsport, und obwohl die Nähe zur drittgrößten Stadt des Landes nicht gerade zur Unschuld der Unterwasserwelt beigetragen hat, verdienen die Tauchgründe immer noch das Prädikat »recht ordentlich«. Auch kann man auf öffentlichen Stränden jenseits der verbauten Resortküste erholsame Tage verbringen, wenn nicht gerade urbane Massen an Wochenenden das Terrain überschwemmen. Auf Olango Island, der nächsten Station, ist die koralline Szene noch eindrucksvoller ausgeprägt. Doch wer wahre Urwüchsigkeit sucht, findet sie erst auf Bohol.

Das Auge isst mit: vorbereitetes Gemüse

Tropisches Gemüse ist in reicher Fülle vertreten, ...

... dazu die »Scharfmacher« (unten)

Wichtigste Sehenswürdigkeit: Bohols Schokoladenhügel

Bohol-Reisende kommen im Inselhauptort Tagbilaran an und freuen sich der langsameren Gangart und der netten Menschen. Gern würden sie jetzt die schönen Strände und hübschen Küstendörfer der Insel aufsuchen. Doch das muss warten: Die lokale Spezialität Bohols sind die so genannten Schokoladenhügel. Dass ein Gast nicht den Wunsch äußert, selbige sofort in Augenschein zu nehmen, will den Boholanern nicht in den Kopf. Man reist, bitte schön, doch auch in die Schweiz, um dort die Berge zu sehen, nicht wahr?

Der Vergleich zwischen den Alpen und Bohols Schokoladenhügeln ist freilich kein sehr glücklicher, denn letztere erhe-

Der Körbemarkt von Antequera (Bohol) zeichnet sich durch seine Warenvielfalt aus

Ein Leckerli fürs Auge: Bohols Schokoladenhügel (Chocolate Hills)

ben sich ganze hundert Meter über der sie umgebenden Ebene. Immerhin gibt es unendlich viele von ihnen, was die Perspektive so berühmt und faszinierend macht, besonders wenn sich die Hügel zum Ende der Trockenzeit tatsächlich schokoladenbraun färben.

Es gibt sogar zwei Legenden, die die Entstehung der wundersamen Hügel erklären. Geschichte Nummer 1: Arogo, ein junger Riese, hatte sich in die bürgerliche Aloya verliebt. Die erwies sich nicht als unsterblich, sondern starb. Nach ihrem Tod vergoss Aroyo bittere Tränen, aus denen dann die Hügel entstanden. Riesen müssen auch für die andere Version herhalten, der zufolge zwei von ihnen sich tagelang mit Dreck bewarfen, bis sie die Sache leid waren, Freundschaft schlossen und die Insel verließen. Der Dreck blieb in Hügelform liegen – ein hübsches Beispiel frühphilippinischer Mentalität. Geologen sehen die Sache anders und halten die Erhebungen für Reste eines einstigen, von Strömungen rund geschliffenen Unterwasserriffs.

Die Bewohner der Insel Bohol sind als wehrhaftes Völkchen bekannt. Dafür besteht historischer Anlass. Denn dieses Eiland wurde immer wieder von muslimischen »Moros« heimgesucht, die auf der Suche nach Beute und Sklaven besonders den Mittelteil des Archipels unsicher machten. Gegen die Moros verbündeten sich die Boholaner sogar mit den ungeliebten Spaniern. Einmal wurden die Piraten auch aufs Kreuz gelegt: Es geschah an der Südküste bei Maribojoc, wo man auf der Punta Cruz das alte hölzerne Kreuz errichtet hatte. Die Moros segelten auf ihren schnellen Prauen heran, und plötzlich wuchs das Christenkreuz und wuchs, bis es die Meerenge zur benachbarten Insel Panglao abgeschnitten und den Böslingen den Weg versperrt hatte, wonach man ihrer leicht habhaft werden konnte ...

So jedenfalls erzählt man es sich heute auf Bohol, und der Fremde wird sich vergeblich bemühen, ein leichtes Zwinkern im Auge des Erzählers zu entdecken. Sollte man ihm die dumme Geschichte nur vortragen, um seine, des Besuchers, Leichtgläubigkeit unter Beweis zu stellen? Das ist die Krux mit den Boholanern: Man unterschätzt sie leicht ein wenig.

Womöglich lag es an der Nähe zu der cebuanischen Geschaftlhuberei, dass die Boholaner stets von ausgeprägtem Konkurrenzdenken beherrscht wurden. Mangels vergleichbarer Strukturen ist Bohol in der Neuzeit dabei eines gelungen, nämlich im tauchtouristischen Feld eine attraktivere Position einzunehmen als die insofern leicht angekratzte Nachbarinsel. Die Reviere im Westen und Süden der Insel, vornehmlich vor Balicasag und Pamilacan, gehören sogar zum Großartigsten, das die Philippinen auf diesem Gebiet aufzuweisen haben.

Baclayons Kirche stammt von anno 1595

REISE-INFO
CEBU, BOHOL

Cebu

Karte: Seite 112/113, Planquadrat B/C 7/8.

Anreise: Abgesehen von den direkten Flügen aus dem Ausland verbindet das ausgedehnte inländische Flugnetz Cebu mit fast allen größeren Städten des Archipels. Beispielsweise wird bis zu 25-mal täglich (mit Jets) in die Hauptstadt abgeflogen. – Alternative: die An- und Abreise per Schiff an; 20–22 Stunden dauert es von Manila. In nahem Umkreis um die Insel Cebu sind schnelle Tragflächenboote unterwegs, die ebenfalls bemüht sind, ihre Fahrpläne einzuhalten.
Letztlich gibt es sogar die Möglichkeit, per Direktbus von Manila nach Cebu zu reisen. Der Endpunkt ist dann Ormoc auf Leyte, von wo ein Jetfoil hinüberdüst. Es sei jedoch davor gewarnt, diese Mordstour am Stück zu machen, die bis zu drei Tage dauern kann!

Unterkunft: Die teuersten Mehrsterner stehen auf **Mactan**, die meisten dicht gedrängt an der schönen Ostküste, und überwiegend handelt es sich um Resorts. Der »Tambuli Beach Club« (Buyong Beach, Tel. 232-4811, tambuli@mozcom.com) gehört mit $ 65 ungefähr zum preislichen Mittelfeld, auf **Olango Island** sind im »Nalusuan« (Tel. 425-8062) P2000 anzulegen. (Angenehme Ausnahme: Lapu-Lapu Cottages bei Marigondon/Mactan, etwas inland, mit Hüttchen ab P400; Tel. 340-4648). – Die so genannte Economy Class auf dem Festland beginnt bei etwa P700 (»Kan-Irag«, F. Ramos St., Tel. 253-1151, kanhotel@cebu.pw.net.ph; P790) und erreicht ca. P2000. Die große Masse machen die Tourist Inns und Pensionen aus, manche recht gepflegt. Hier sind Anfangspreise von ca. P300 (»Benz Pension House«, Osmeña Blvd., Tel. 253-3033, P350) und Maxima gegen P700 anzusetzen. Im YMCA (51 Osmeña, Tel. 253-4057) schließlich ist man schon mit P200 dabei, »members only« und EZ. – Ansonsten nehmen die Preise außerhalb von Mactan und der City rasch wieder normales philippinisches Niveau an. Im »Springpark Mountain Resort« bei **Toledo City** (Tel. 261-9511) zum Beispiel sind für ein DZ, penibel mit Mwst. berechnet, P563,75 fällig.

Essen: Keine Straße in Cebu City, in der es nicht ein oder mehrere Restaurants gäbe. Philippinische (mit regionalen Variationen), koreanische, chinesische, französische, deutsche, Schweizer Speisen – alles da. Österreichische Spezialitäten? Bitt' schön. Wie in Manila findet man zudem im Souterrain der großen Kaufhäuser ganze Ketten ausgezeichneter Futterkrippen, und die globalen Pizza- und Burgerschuppen sind natürlich auch dabei. Es wäre den Küchenchefs gegenüber unfair, aus dieser Riesenmenge einzelne Favoriten herauszufiltern und als besonders gut vorzustellen. Mal selbst auf kulinarische Tour gehen – es lohnt sich immer!

Nachtleben: Ein Ähnliches gilt für die zahllosen und immer mehr werdenden Kneipen, Discos und Nightclubs der Stadt. Cebus nächtliche Szene ist überaus rege, zumal gut verdient wird und das Geld locker sitzt. Ein kleiner Tipp nur: Manche der verteufelt gut aussehenden Frauen sind gar keine ...

Sehenswürdigkeiten: Außer **»Magellan's Cross«**, unter dessen Urausgabe die erste christliche Taufe auf den Philippinen stattfand, ist die gleich daneben befindliche **Basilica Minor del Santo Niño** von 1565 (neu erbaut 1602/1740) zentraler Anlaufpunkt. Die Kathedrale gilt im ganzen Land, nicht nur in Cebu, als Heiligtum. Bei der drinnen unter Glas stehenden Ikone handelt es sich allerdings um eine Nachbildung. Aus der Gründerzeit (1601) stammt ebenfalls die **Chapel of the Last Supper** im Vorort Mandaue, in der eine lebensgroße holzgeschnitzte Abendmahlsszene zu bewundern ist. **Fort San Pedro** am Hafeneingang trägt den Namen des Flaggschiffs des Konquistadors Legazpi. Die Anlage aus dem Jahre 1565 wurde im 2. Weltkrieg stark in Mitleidenschaft gezogen, heute zeigt ein Museum (täglich 8–19 Uhr) die Fundobjekte aus dem Wrack der Galeone »San Diego« und regionale Ausgrabungsgegenstände.
Zu Mußestunden lädt die **Plaza Independencia** im historischen Viertel. Der **Carbon Market**, auch ganz in der Nähe, bietet eine Fülle unverfälschter visayischer Impressionen. Das farbenfrohe Areal quillt über vor Lebensmitteln aller Art, insbesondere feinen Tropenfrüchten (Cebu ist bekannt für exzellente Mangos). Und wenn man auch bei Regenwetter durch Matsch stapfen muss, so entschädigt die überaus lebendige Atmosphäre für dieses kleine Minus.
Ein sehr besuchenswertes **Museum** ist das Casa Gorordo (35 Lopez Jaena, mo–sa 9–17.30 Uhr), benannt nach dem ersten philippinischen Bischof von Cebu, das schöne Einblicke in den kolonialen Wohnstil vermittelt. Museal engagieren sich auch die größeren Universitäten der Stadt: In der University of San Carlos (P. del Rosario) und der Southwestern University (Urgello), außerdem im Rizal Museum (Osmeña Blvd.), ist viel zu kulturellen und archäologischen Themen zusammengetragen worden.
Im **Jumalon's Butterfly Sanctuary** (Macopa, Pardo) kann man lebende Schmetterlinge betrachten; aus bunten Flügeln gefertigte Kunstwerke mögen allerdings nicht jedermenschs Sache sein. In Beverly Hills, von wo betuchte Chinesen die Stadt überblicken, steht der **Taoist Temple** zu Ehren des Philosophen Laotse. 81 Stufen führen hinauf, der Anzahl taoistischer Lehrkapitel entsprechend, und oben entzündet man Räucherstäbchen und hört sich Wahrsagen an. Ähnlich sind der **Heavenly Temple of Charity** im Peace Valley oberhalb einer angeblich Heil bringenden Quelle und der **Phu-Sian Temple** nahe der Tao-Anlage. In den Banawa Hills befinden sich die »Himmlischen Gärten« (**Celestial Gardens**), in denen auf zwölf Hektar die Stationen des Kreuzgangs

Cebu City hat ein überaus aktives Nachtleben

Solch eine Gitarre aus Maribago landet leicht im Urlaubsgepäck

nachgebildet sind, nicht immer so geschmackssicher allerdings. Vom »Tops« auf dem **Busay Hill** kann man einen prächtigen Ausblick über die ganze Stadt genießen; wegen spärlicher Verkehrsverbindungen empfiehlt sich die An- und Abfahrt mit dem Taxi. Für längeres Verweilen stehen Hütten zur Verfügung.
Beliebt ist ein Besuch der Gitarrenfabriken im Maribago-Distrikt von Lapulapu City auf **Mactan**, oft mit dem Nebeneffekt, dass man mit einem sperrigen Instrument im Gepäck auf Weiterfahrt geht. Golfer finden interessante Greens auf zwei Plätzen; Gäste sind willkommen.

Feste: Außerordentlich sehenswert ist das Sinulog-Fest, das am dritten Sonntag im Januar begangen und auch Fiesta Senyor genannt wird, denn die Sause ist dem Niño gewidmet, das diesen Ehrennamen trägt. Endlose, weit über den eigentlichen Feiertag fortgesetzte Prozessionen finden dann statt und farbenprächtige Tanzveranstaltungen in den Straßen; sinulog bedeutet etwa »Tanzgewoge«. – Am 3. April und 12. Juni werden Feste in Verbindung mit der Erlangung der Unabhängigkeit gefeiert. Etwa ein weiteres Dutzend Fiestas im Jahr gibt es außerhalb der Stadt.

Ausflüge: Ein beliebtes Ziel ist der Badeort **Moalboal** an der Westküste (90 km). Dessen Panagsama Beach galt einmal als Geheimtipp der Travellerszene. Daraus hat sich viel touristischer Kommerz entwickelt, eine gelöste Atmosphäre ist aber erhalten geblieben. Es gibt viele Unterkünfte mit sehr moderaten Preisen, ebensolche Ess- und Trinkklausen, Tauchschulen und sogar Reitställe. **Badian**, ein Stück weiter südlich, ist etwas exklusiver. Zwei Resorts laden Betuchte, aber man kann auch in Cottages unterkommen. Die Tauchgründe zählen zu den besseren.

Ein paar »Geheimtipps« sind in jüngster Zeit im Norden der Insel Cebu frisch auf den Markt geworfen worden. Der Tourismus hat das Eiland **Bantayan**, bis vor kurzem von verschwiegenem Charme und nur für große Hühnerfarmen bekannt, jetzt »entdeckt«. Das geschah vor allem wegen diverser Strände. Noch ist alles sehr rustikal: Eine einfache Hütte gibt es schon für P100. Hier lohnt es sich, ein Radl zu mieten, denn die insularen Straßen sind von Verkehr weitgehend verschont. Aber ein kleiner Flugplatz existiert bereits, und bald wird es mit Sicherheit auch hier mehr Infrastruktur geben. Santa Fe auf Bantayan wird per Fähre von Hagnaya (oder per Jetfoil von Cebu City) erreicht.
Auch das Mini-Eiland **Malapascua**, mittig nach Leyte hinüber gelegen und gerade mal drei Quadratkilometer groß, ist vom Zug der Zeit nicht unberührt geblieben. Mehrere Resorts, zumeist gar nicht teuer (ab P150), haben sich dort etabliert, und sogar Pizzen kann man auf »Miese Ostern« (so der Inselname) erhalten. Nach Malapascua gelangt man per Boot von Maya an der Nordspitze Cebus.

Information: Department of Tourism, LDM Bldg., Lapulapu Street, Tel. 254-2811, Fax 2711, dotr7@skyinet.net. – Vorwahl Cebu: 032.

Lapu Lapu hält nach Invasoren Ausschau

Bohol

Karte: Seite 112/113, Planquadrat B/C 7/8.

Anreise: Es gibt Direktflüge von Manila nach Tagbilaran, Fähren von Cebu und Mindanao nach Tagbilaran sowie mehreren weiteren Orten an der West- und Südküste von Bohol.

Unterkunft: Tagbilaran bietet eine gute Auswahl kleinerer Hotels, Inns und Pensionen. Repräsentativ sind »Villa Camilla« (Maria Clara, Tel. 411-4966, FrontDesk@VillaCamilla.com; ab P250) und »Coralandia Resort« (Graham Avenue, Tel. 411-3445, Cottages ab P375). Der »Chocolate Hills Complex« bei den berühmten Hügeln bietet Zimmer ab P250. Auf **Cabilao Island** an der Westküste sind zwei kommode Resorts (um P300) vertreten. Die touristische Action spielt sich jedoch vorwiegend auf der Insel **Panglao** ab, mit zahlreichen Resorts im Bereich Alona Beach und durchschnittlichen Preisen von P500 pro Cottage.

Sehenswürdigkeiten: Die Provinzmetropole **Tagbilaran** (rd. 50 000 Einwohner) hat mit Plaza und Kirche das freundliche Übliche zu bieten, auch ein Museum gibt es. Natürlich wird niemand auf Bohol einen Blick auf die rund 1200 **Schokoladenhügel** etwa in der Inselmitte versäumen wollen. Einen Besuch verdienen auch die alten Inselkirchen, namentlich die sehr wehrhaft wirkende von **Baclayon**, älteste (1595) aus Stein gemauerte Kirche des Landes.
Koboldmakis, vielleicht die niedlichsten Viecher der Welt und sozusagen Haustiere Bohols, werden in **Corella** artgerecht gehalten und können fotografiert werden. Am meisten zu sehen gibt es jedoch unter Wasser: Die Dive Resorts, von denen allein auf **Panglao** mehrere vertreten sind und in denen auch deutsch gesprochen wird, bieten nicht nur Tauchgänge in erstklassigen Revieren an, sondern sogar Extras wie Wal-, Delfin- und Manta-Beobachtungen, Spezialitäten der Region.

Verkehr: Alle genannten Destinationen lassen sich mühelos per Inselbus erreichen. Nach Panglao führt von Tagbilaran eine Brücke.

Informationen: Beim DOT Cebu. – Vorwahl Bohol: 038.

Aus Cebu kommen Tausende Seeleute

Blick von der Mactan-Brücke: links Mactan, rechts Cebu

Cebu Port: Idylle an der Containerpier

Die Passagierfähre »SuperCat«

Kein Hafen der Welt, in dem man nicht auf philippinische Seeleute träfe. Etwa 700 000 gibt es von ihnen; die meisten fahren unter ausländischer Flagge. Sie gelten als tüchtig, zuverlässig und anpassungsfähig. Deshalb haben sie gute Karten bei Reedern rund um den Globus. So spottbillig wie einst sind sie allerdings längst nicht mehr, denn sie wissen heute um ihren Wert und ihre weitgehende Unersetzbarkeit.

In Cebus Handelshafen herrscht immer reges Treiben

Ein Stück von Tahiti und ein bisschen Hawaii

Fotos: Hauptort der Insel Siargao ist General Luna; hier liegt die »Robinsoninsel« Guyam, und hier toben Kinder um ein Auslegerboot.

Siargao mit seinen Riesenwellen und entsprechenden Surfwettbewerben erinnert an Hawaii. Und vor der Kulisse des Hibok-Hibok-Vulkans auf Camiguin könnte die »Bounty« ein glaubhaftes Filmdebut erleben – so sehr ähnelt dieses Eiland Tahiti. Zu dem bunten Potpourri gehören auch riesige Mangrovenwälder bei Surigao und die abgasgeschwängerte Stadtluft in der alten Handelsstadt Cagayan de Oro.

Ganz im Osten, wo das Land in den Philippinen-Graben zu versinken scheint, rollen turmhohe Brecher aus den Weiten des Ozeans heran – ein Eldorado für Wellenreiter, fast hawaiisch. So muten auch die Ananasfelder an, weiter nach Mindanao hinein.

»Teilnehmen kann jeder, der verrückt genug ist, ein Surfbrett bis hierher mitzuschleppen.« Also sprach Ex-Bürgermeister Jaime Rusillon des Örtchens General Luna auf der Insel Siargao, der noch heute für alles Organisatorische im Zusammenhang mit Wellenreiten zuständig ist. Das war im Jahr 1994, und fast fünfzig Interessenten meldeten sich für das erste

Siargaos weitläufige Lagune vermittelt einen pazifischen Lockruf

Bei »Cloud Nine« finden Wellenreiter aller Länder ihr Paradies

Siargao Surfing Classic an, obwohl geradezu chaotische Seeverhältnisse mit gewaltigen Rollern herrschten. Und es gab sogar einen Preis von 50 000 Pesos, ein Klacks für internationale Tournamente, aber ganz schön viel Geld für die kleine Gemeinde.

In der Philippinensee wurde die höchste gemessene Welle der Welt registriert, ein Ungetüm von über dreißig Metern. Dass solch eine Mutter aller Kavensmänner, fast schon ein Tsunami, reitgerecht auf einen Strand zudonnert, davon träumt der kleine harte Kern der Extremsurfer auf der ganzen Erde. Die »Whopper« Hawaiis kommen dieser Idealvorstellung sehr nahe, und deshalb wird der königliche Sport dort auch wahrhaft intensiv ausgeübt.

Dann, zu Beginn der 1980er-Jahre, fanden die Kundschafter, die rund um den Globus ständig nach *der* Welle fahnden, auf den Philippinen ebenfalls Welt-

Etwa 34 000 Quadratkilometer Korallenriffe gibt es im philippinischen Archipel – eine Fläche größer als Belgien. Nur wenige Küstenstriche sind nicht von Korallen umsäumt. Die Riffe sprühen – im Normalfall – von Leben. Mehr als 2000 Seefischarten hat man gezählt und etwa 10 000 verschiedene Mollusken – mehr als irgendwo sonst auf der Welt. Zu den Fischen gehören kapitale Burschen wie Haie und Barrakudas, sowie der gewaltige Walhai, bis zu 20 Meter lang und völlig harmlos. Seekühe, -schildkröten, -schlangen und -krokodile runden die faunatische Szene ab, die auf fernen Riffen weltweit ihresgleichen sucht. Allerdings nur dort – näher zur menschlichen Zivilisation verzeichnen die Philippinen schwere Ökoschäden.

Schlicht und preiswert: Cloud Nine Resort

Hier kann man die Zeit verschaukeln (unten)

Von den Stürmen etwas mitgenommen – die Plattform der letzten Surfmeisterschaften

klassekonditionen vor. Wenn auf dem offenen Pazifik Taifune toben, beobachteten sie, stürmen monströse Brecher von hawaiischem Konkurrenzformat gegen die Ostküsten des Archipels an. Auf der Insel Siargao vereinigen sich nun mehrere topographische Voraussetzungen, die zu optimalen Verhältnissen führen: abgrundtiefes Wasser vor der Küste, damit die Welle nicht an Energie verliert. Wind, der hinter die Dünung greift und sie weiter auftürmt. Der richtige Anmarschwinkel, der möglichst späte Brechung gewährleistet. Und, natürlich, weichsandige Strände. Selbst ein Leviathan ist nichts wert, wenn er auf die Koralle platzt.

Nach Marcos wurde es eine friedliche Region

Damals, vor dem Fall des Marcos-Regimes 1986, galten die Surigao-Provinzen als der »Wilde Osten« der Philippinen, von politischen Unruhen und Banditentum gebeutelt. Die Surf-Scouts nahmen eine Kostprobe davon und reisten wieder ab. Vor wilden Brechseen hatten sie keine Angst, vor wilden Männern mit Knarren schon. Nach dem Abgang des Diktators gehört die Region um Surigao del Norte und Sur zu den friedlichsten des Landes – so schnell kann das manchmal gehen.

Prompt geriet anfangs der Neunziger der maritime Reitsport ernsthaft in Gang, obwohl die Freaks zunächst versucht hatten, die Entdeckung geheim und das Eldorado somit für sich zu behalten. Doch die Sause des Jahres 1994 setzte Siargao sozusagen auf die Landkarte. Zentrum des Geschehens ist der endlose Ostküstenstrand mit Surfsektoren namens Cloud Nine, Horseshoes, Tuason Point und Tuesday Rock. Siargao gilt heute als die Nummer fünf der Welt, immerhin, und Surfer aus aller Herren Länder zeigen dort Flagge. Die Brecher mögen niedriger sein als auf Hawaii. Aber die Lebenshaltungskosten sind es auch.

Junge Inselschönheit

In Surigao City lässt man mitten auf der Plaza ein Ballspiel steigen

Von dem, was man auf Oahu in einem Monat ausgibt, kann man auf Siargao ein Jahr existieren.

Verwöhnte Surfer wollen in der Freizeit keinen Regen

Die Sache hat jedoch einen kleinen Haken. Wenn es an den Surfstränden Surigaos am meisten braust, ist auch mit jeder Menge Regen zu rechnen. Es war schon von der Regenfracht die Rede gewesen, die der Nordostmonsun, *amihan* auf Philippinisch, um die Jahreswende über den Bicol-Provinzen ablädt. Das ist noch gar nichts gegen die Wassermenge, die dann auf den nördlichen Zeigefinger Mindanaos hinabrauscht. Das Gebiet hält den südostasiatischen Regenrekord, was in der überhaupt ziemlich nassen Region etwas heißen will.

Von Dezember bis Februar sollte man Surigao meiden, sofern man nicht gerade meteorologisch oder wasserbautechnisch engagiert ist. Oder eben die klotzigen Brecher von Siargao per Brettl testen möchte. Zwar könnte man folgerichtig anführen, dass man beim Surfen eh nass wird; was soll's also mit dem Regen. Aber das Ambiente ist dann doch recht ungemütlich; man will ja nicht nur »reiten«, sondern auch Spaß haben dabei, davor und danach.

Die wahren Aficionados warten deshalb in der Taifunhauptsaison von Juli bis November auf Megastürme in der Philippinensee und halten Auge und Ohr ständig am CNN-Wetterbericht, um im Einsatzfall ohne Verzug anreisen zu können. Einige Unentwegte haben sich auf Siargao permanent angesiedelt, um der Welle immer nahe zu sein, und bei den ansässigen Profis kann man den Sport auch erlernen.

Während die ganz großen Roller ausbleiben, lässt sich die Wartezeit anregend im Umfeld vertreiben, das unter anderen Vorzeichen, nämlich in Bezug auf manche spezielle Gegebenheiten, immer noch das Etikett »Wilder Osten« verdient. Außerhalb von Surigao City dehnen sich endlose Mangrovendickichte, ein richtiger Wald auf hoher See, wunderlich anzuschauen. Diese zählebigen Gehölze beherbergen See-

Mangrovenküsten zählen zu den lebensreichsten Biotopen der Erde. Nicht nur findet sich in ihnen die ganze Skala faunatischer Formen vom winzigen Schlickkrebschen bis zum gewaltigen »Saltie« (Salzwasserkrokodil). Mangrovenwälder gelten auch als »Kinderstube der Fischwelt«. Fazit: keine Mangroven, kein Fisch (mit Einschluss von Hochseearten). Der von Unternehmern in Südostasien praktizierte Usus, Mangrovenwälder abzuholzen, um auf dem fruchtbaren Substrat Fisch- und Shrimpteiche zu bauen, ist deshalb überaus umweltschädlich.

Mäßig lohnend: Goldwäscher in Placer

Pass auf Krokodile auf, Junge!

Surigao City hat mit dem Rizal-Denkmal eine typische Plaza

wasserkrokodile, die unter Naturschutz stehen und sich in den letzten Jahren stark vermehrt haben. Wie auf Palawan befinden sich gewaltige Burschen darunter, und auch im Bereich Surigao sind Fischer von ihnen angefallen worden. Im »Seewald« surfe man also lieber nicht.

Vor der Insel Bitaugan verkneife man sich Badegelüste ebenfalls. Dort formieren sich wirbelnde Gezeitenströme zu einem gruseligen Strudel, der Edgar Allan Poe als Muster für seine berühmte Erzählung über den Mahlstrom hätte dienen können und der schon komplette Boote verschlang. Ein Stück südlich von Surigao City wird in Placer, was »goldhaltige Sandbank« bedeutet, nach dem edlen Metall gegraben. Obwohl der große Rush vorbei ist, sieht es dort immer noch ziemlich wild aus – Loch an Loch, sogar mitten im Ort. Und selbst die unferne, eigentlich recht reizlose Stadt Butuan hat mit Ungewöhnlichem aufzuwarten ...

Heißer Streit um Magellans erste Messe

Eine bizarre Kontroverse rankt sich um Butuan und Magellans Etappenziel Limasawa, wo die erste Messe stattfand. Die Butuanos behaupten nämlich steif und fest, der berühmte Seefahrer hätte Limasawa gar nicht angelaufen, sondern wäre schnurstracks nach ihrer Stadt gesegelt, um dort bei der Flussinsel Masao Station zu machen. Dass – ausgerechnet – ein amerikanischer Missionar im Jahre 1904 diese Hypothese aufbrachte, womöglich um sich vor Ort lieb Kind zu machen, ist im Zeichen lokalpatriotischer Hitzewallungen längst vergessen. Selbst ein Denkmal zu »Ehren« Magellans, das in Butuan errichtet worden war, ließ man ungerührt zu Schutt verfallen. Es geht nur noch ums Prinzip, um die eigene Ehre. Deshalb belegt man sich fast ein halbes Jahrtausend nach Magellans Besuch (auf Limasawa, sagen seriöse Forscher) in den Medien mit saftigen Verbalinjurien, erfindet die aberwitzigsten »Beweise« und ist sich nach und nach so Spinnefeind geworden, dass man, wenn möglich, am liebsten schweres Artilleriefeuer über die Mindanao-Straße hinweg austauschen würde, die praktischerweise die beiden Rivalen trennt.

Man muss den Butuanern zugute halten, dass sie auf einiges an Historie zurückblicken können, das ihnen eine gewisse Abgehobenheit erlaubt. Schon zu Ma-

Der Bootssteg Mangajao liegt an einem Mangrovenkanal

Surigaos Mangrovenwald bietet einen wunderlichen Anblick

gellans Zeiten bestand hier nämlich ein blühendes Gemeinwesen, das es an Bedeutung fast mit Cebu aufnehmen konnte. Der Fund von zwei mittelalterlichen Balanghai-Booten, die als solche bereits von Magellans Chronisten Antonio Pigafetta beschrieben worden waren, sowie Skelettreste, chinesische Porzellane und diverse kostbare Grabbeigaben bestärken Archäologen in der Vermutung, dass es sich bei Butuan um die älteste Stadt der Philippinen handelt, womöglich über 1000 Jahre alt. Schiffe vom Typ Balanghai gab es auch in Polynesien und im Indischen Ozean bis nach Madagaskar; nach Ansicht von Fachleuten muss eine intensive Verbindung bestanden haben.
Heute ist Butuan zwar recht reizlos, dennoch finden sich an der Mündung des Agusan River – nach dem Cagayan River Mindanaos zweitgrößtem Fluss – immer wieder Szenen wie aus vergangenen Jahrhunderten. Wenn man einmal der Holzverladung an den (morschenden) Kais beiwohnt, kann man sich leicht in ein Zeitalter zurückversetzt fühlen, als ein Joseph Conrad noch diese Archipele unter Segel befuhr.

In Cagayan de Oro bestimmen urige »Motorolas« das Bild

Butuans Langihan-Markt quillt über von tropischen Früchten

Mit Karacho geht's über den Cagayan River

Friedliches Camiguin – doch Vulkan Hibok-Hibok dräut

Brechseen von Riesenformat, ebensolche Krokodile, ein alberner Historikerkrieg – vor alledem kann man, nur wenig weiter, auf Camiguin Zuflucht suchen,

Schon vor Ankunft der Spanier bestand auf den Philippinen eine vornehmlich auf Seehandel ausgerichtete Kultur. Die Inselvölker benutzten seetüchtige Auslegerboote, und vielen Menschen dienten die Schiffe auch als permanente Wohnstätte. Die dörfliche Gemeinschaft heißt nach der Bezeichnung für die Boote (balanghai) bis heute *barangay*. Große Aufregung gab es, als 1976 bei Butuan zwei solcher, etwa 1000 Jahre alter Boote ausgegraben wurden. Der Fund, im Balanghai Shrine (Ortsteil Libertad) ausgestellt, scheint zu bestätigen, dass Butuan die womöglich älteste Ansiedlung der Philippinen ist.

Weist auf Butuans uralte Bedeutung hin: das Balanghai-Boot

Szene am Butuan River: Fast so sah es hier schon zu Joseph Conrads Zeiten aus

wo es ausgesprochen friedvoll zugeht. Zwar gab es hier auch schon mal kolonialgeschichtlichen Terror, als Portugiesen (!) mit Verbündeten aus den Molukken die insularen Ansiedlungen platt machten (und die von Bohol und Limasawa gleich mit). Aber das ist schon eine Weile her: 1560.

Dann brach der Hibok-Hibok aus, der die Insel 1332 Meter überragt und ihr zusammen mit sechs weiteren Vulkanen ein verblüffend tahitisches Gepräge vermittelt. Das liegt noch nicht so weit zurück: 1951. Und es war schlimm. Die Bilder der gewaltigen Eruption hingen lange an den Wänden der Erdbebenwarte, die den Vulkan überwacht und deren Betreiber den Gast etwas überlegen lächelnd auf die Verlässlichkeit der verschiedenen Instrumente hinweisen. Später kamen Termiten und fraßen die Fotos ratzekahl ab, was allein schon die Vergänglichkeit alles Menschengemachten eindrucksvoll demonstriert. Camiguins hübscher Hauptort Mambajao war damals nur knapp der Katastrophe entronnen. Was sich dagegen im Nordosten des Berges an den Hängen bewegt hatte, lag nach der Eruption wie schlafend da. Die ungeheure Glutwolke hatte allen Sauerstoff aufgezehrt. Bilanz: an die zweitausend Opfer.

Heute ist Camiguin bewohnt wie eh und je, der Berg voller Pflanzungen. Es gibt ja kaum einen besseren Dünger als Vulkanasche im Zustand fortgeschrittener Verwitterung. Das stellt die Insel als grüner Garten Eden, in dem unter anderem die besten Lansones (Lansium domesticum) gedeihen, hinlänglich unter Beweis. Die pflaumengroßen Baumfrüchte mit einer leicht ledrigen, dünnen weißbraunen Schale und glasigen Segmenten sind von geradezu süchtig machendem gutem Geschmack. Dennoch gehört schon Gottvertrauen dazu, sich unmittelbar neben dem dräuenden Krater anzusiedeln. Sogar ganz oben gibt es ein winziges Dorf, lediglich ein paar Hütten, mit einem noch winzigeren Kramladen. Man sollte einmal hinaufpilgern. Nicht nur der Rundblick ist überwältigend.

Wasserfall sorgt für Wohlgefühl

Jenseits des Bergkamms, auf den nächsten Vulkan Tres Marias zu, gerät man in herrliches Dschungelgebiet und gelangt schließlich zum Tuwasan-Wasserfall, dessen köstliche, aus 30 Metern herabrauschende Frische dem Wanderer ein derartig prickelndes Wohlgefühl vermittelt, dass er sich kaum von diesem Jungbrunnen trennen mag. Sollten negative Ionen am Werk sein, die versprühendes Wasser begleiten und, so die – nicht ganz bewiesene – Theorie, dem Menschen ein ausgesprochen positives Gefühl bescheren? Die Landschaft Camiguins lässt, wie erwähnt, Vergleiche mit Tahiti zu, und das gilt auch für das ländliche Leben. Camiguin ist aber auch stocksolide, familienorientiert und philippinisch-katholisch bis unter den Rocksaum der Tres Marias, wo die Tuwasan-Fälle hervorplätschern.

Einen anderen Wasserfall, den Katibawasan nahe Mambajao, hat man »entwickelt«, das heißt, ihm mit viel Zement die Substanz genommen und den negativen Ionen gleichzeitig ihre fröhliche Polarität, so dass ein müdes, eingefriedetes Schwimmbecken übrig bleibt, das eine Anreise über zwei Kontinente gewiss nicht lohnt. Alles andere aber immer. Allein ein Kennenlernen der Menschen dieser Insel erscheint viel versprechend; gastfreundlich, wie sie sind, genügsam und mit ihrer Existenz zufrieden. Das Leben ist offenbar gut auf Camiguin. Dafür gibt es einen unfehlbaren Indikator, der überall auf der Welt gilt. Nämlich dass sich zahlreiche Aussteiger auf der Insel niedergelassen haben – sogar philippinische. Bis hin zum Taxifahrer aus Manila, der irgendwann mal, im Wortsinn, die Nase voll hatte.
Camiguin überwältigt nicht, es bietet keine Superlative. Und doch geht einem die Insel nach zwei, drei Tagen angenehm aufs Gemüt; man wird selber insular.

Erfrischend natürlich: der Tuwasan-Fall

Tahitisches Gepräge: Camiguin von White Island aus ... ... und Gegenblick vom Hibok-Hibok (unten)

Man weiß nicht genau warum, man kann nicht mit dem Finger auf etwas zeigen und sagen: Das ist der Grund. Das Gefühl verdichtet sich bei der Abreise, wenn sich ein kleiner schmerzhafter Stachel des Verlustempfindens unter die Haut bohrt, wenn einen jäh die Einsicht überkommt, wie sehr man doch Teil dieses unbeeilten, ungestressten Eilands geworden ist. Und dann nimmt man sich vor, einmal wiederzukehren. Camiguin – der Name wird gern als »come again« interpretiert. Da ist nichts Wahres dran, aber der Gedanke bezaubert.

Cagayan de Oro und seine »Motorolas«

Nach dieser Ladung geballter Rustikalität mag sich der Reisende vielleicht wieder nach Stadtluft sehnen. Selbige ist im nahen Cagayan de Oro, dem alten Kultur- und Handelszentrum der Mindanao-See, mehr als reichlich vorhanden. Dafür sorgen die Scharen pestender Fahrzeuge, die man im verkehrsarmen Camiguin wohl höchstens mal vermisst hatte, wenn man gefährtlos auf einsamer Landstraße stand. Besonders kräftig möffeln »Motorolas«, eine Spezialität der Stadt: Das sind um eine Ladefläche verlängerte Motorräder, die sechs Passagiere transportieren können. Als Minimum, versteht sich.

Inselknabe: schon ein tüchtiger Taucher

Cagayan de Oro erinnert stets etwas an Cebu, der ähnlichen Dimensionen und der zahlreichen Kauftempel und Universitäten wegen. Nicht zuletzt natürlich auch, weil ein großer Teil der Bevölkerung aus Cebuanos besteht. Verwunderlich erscheint, dass sich eine Bank und eine Behörde an die andere reiht. Das hat seinen Grund darin, dass die Stadt eine gewaltige Ausdehnung besitzt, aber alle Geldinstitute und Ämter auf die City konzentriert. Wer mit denen etwas zu schaffen hat, muss sich eben dorthin bemühen. Die vielen Jeepneys und »Motorolas« wollen schließlich auch etwas verdienen.

Außerhalb des eigentlichen Stadtkerns von Cagayan de Oro geht es, wie so häufig auf den Philippinen, jedoch gleich wieder recht ländlich zu. Und hier kommt es erneut zu hawaiischen Impressionen.

Der Hibok-Hibok wird ständig überwacht

In den Hochlagen Camiguins dehnt sich herrlicher Dschungel

Den Ausschlag für die Bildung der Philippine Commission on Volcanology, heute Phivolcs, gab die Eruption des Hibok-Hibok auf Camiguin im Jahre 1951. Man machte sich zur Aufgabe, die gefährlichsten Vulkane des Landes permanent zu überwachen, um Frühwarnungen herauszugeben und Evakuierungspläne zu erarbeiten. Das Team von Wissenschaftlern in einem bescheidenen Bürogebäude in Quezon City (Hizon House, 19 Quezon Avenue) hat seither viel Segensreiches bewirkt. Vor allem der heutige Direktor Reymundo Punongbayan tat sich bei der Eruption des Pinatubo durch derart präzise Voraussagen hervor, dass manche Leute erwogen, einen Mann mit solchem Weitblick für die Präsidentschaftswahl aufstellen zu lassen ...

Gehört den Amerikanern: die weltgrößte Ananasplantage

35 Kilometer muss man fahren, um Camp Phillips zu erreichen, mit 9000 Hektar die größte Ananaspflanzung der Welt, 650 Meter hoch gelegen und im Besitz des US-Fruchtkonzerns Del Monte. Über die frühkolonialen Methoden, die die Entstehung der Plantage begleiteten, ist viel Papier beschrieben worden, und dass die Anlage über lange Jahre hinweg Revoluzzer jeglicher Couleur geradezu magnetisch anzog, versteht sich.

Ein Dorn im Auge vieler Mindanaoer ist die kapitalistische Fruchtzelle immer noch. Doch in Camp Phillips ist längst der Wohlstand ausgebrochen. Die Feldarbeiter verdienen nicht schlecht, und das Büropersonal schwingt nach Feierabend auf dem konzerneigenen 18-Loch-Golfplatz munter das Eisen. Besucher sind gern willkommen. Mit Einschränkungen allerdings: Wer nach Dafürhalten der Ananasbewacher »links« wirkt, hat Aussichten, nicht eingelassen zu werden ...

REISE-INFO NORD-MINDANAO

Cagayan de Oro

Karte: Seite 112/113, Planquadrat D 8.

Anreise: Cagayan de Oro hat direkte Flug- und Fährverbindungen mit Manila und Cebu.

Unterkunft: Im »Dynasty Court Hotel« (Hayes St., Tel. 857-1250) beginnen die Tarife bei P1140, doch man erhält auch etwas fürs Geld. Das »Casa Crystalla« (Pabayo St., Tel. 856-1704) ist halb so teuer und dennoch sehr ordentlich. Außerdem hat die Stadt zahlreiche Inns und Pensionen.

Sehenswürdigkeiten: Die Xavier University (Corrales Avenue) beherbergt ein recht edles Museum mit Schwerpunkt auf regionaler Archäologie.

Ausflüge: Die Huluga-Höhlen bei **Barrio Balulang**, 6 km südwestlich, sind sehenswert. Auch die erwähnte Ananasplantage von **Camp Phillips** lohnt den Besuch.

Information: Tourist Office, Palaez Sports Complex, Velez St., Tel. 856-4048, dot10@cdo.weblinq.com; Vorwahl 088. – In Butuan: DOT, D&V Plaza II Bldg., Tel. 225-5712, Fax 341-8413, dot13@mndfmail.webquest.com. – Vorwahl für Butuan: 085.

Camiguin

Karte: Seite 112/113, Planquadrat C 8.

Anreise: Täglich pendelt die Fähre »Asian Spirit« zwischen Cebu und Cagayan de Oro. Von dort zunächst per Bus/Jeepney weiter; auf Mindanao verkehren dann Fährboote zwischen Balingoan und Benoni.

Unterkunft: Im »Casa Grande« (Provincial Plaza, Tel. 387-0077) ist nomen omen. Doch in dem großen, gepflegten Haus gibt es schon für P600 eine Bleibe. Schlichter geht es zu in »Tia's Pension House« (Tel. 387-1045), wo ein Prokopfpreis von P100 erhoben wird, mit Küchenbenutzung sogar. Tia hat auch Beach Cottages am Ortsrand; P300 pro Hütte. In **Balbagon** gibt es drei Resorts: »Bahay Bakasyunan« (Tel. 387-0131), mit P1500 ein wenig teurer; »Mambajao Beach« (Tel. 387-1059; P650) und »Tarzan's Nest« (Tel. 387-0273), eine recht urige Anlage (ab P250). Sehr hübsch ist die »Hibok-Hibok Park Lodge« auf 600 Metern Höhe: P450. »Camiguin Beach Club«, »Camiguin Seaside«, »Caves«, »Jasmin by the Sea«, »Morning Glory«, »Paras« und »Secret Cove« haben allesamt Cottages anzubieten (ab P300). In **Yumbing** ist »Turtle's Nest« schon ab P200 in ruhigem, grünem Ambiente dabei. Alle Reservierungen macht man am besten über das Tourist Office.

Sehenswürdigkeiten: Mambajao hat eine freundliche Atmosphäre, die das Städtchen schon als solches sehens- und liebenswert macht.

Ausflüge: Die beliebteste Kurztour ist nach **White Island**, einer Sandbank an der Nordküste. Manchmal drängen sich mehr Touristen auf ihr als an der Playa Ingles auf Gran Canaria. Heiß ist es, doch von nirgendwo hat man ein schöneres Panorama von Camiguin; von hier wirkt die Insel wirklich »tahitisch«. Wem White Island noch nicht heiß genug war, kann sich in den Mainit Hot Springs (5 km außerhalb von **Mambujao**) bei 40 Grad erneut aufwärmen. Dort gibt es auch eine Übernachtungsmöglichkeit. Schöne und immer noch natürliche Erfrischung: der Tuwasan-Wasserfall.

Informationen: Zentrale Auskunftsstelle, Capitol, Tel. 387-1097. – Vorwahl Camiguin 088.

Surigao

Karte: Seite 112/113, Planquadrat C 9.

Anreise: Philippine Airlines fliegt von Manila nach Butuan; von dort fahren Busse nach Surigao. Fähren und Jetfoils von Cebu. Direkt von Manila und via Cebu haben außerdem die so genannten Superferries Surigao im Fahrplan. Die Fähre von Liloan (Leyte) kommt in Lipata, etwa 10 km vor der Stadt an. Nach der Surfer-Insel Siargao (Hafen: Dapa) pendeln mehrmals täglich zwei Fähren von Surigao Port.

Destination: Basag (heißt auch »kaputt«)

Unterkunft: Das »Tavern Hotel« führt die Liste an (Borromeo Street, Tel. 231-7300; ab P130). Es liegt direkt am Wasser; man kann mit hauseigenen Booten auf Inseltour gehen. Die Hand voll weiterer Herbergen hat in etwa die gleiche Preislage. Auf den Inseln hat sich eine bescheidene Infrastruktur entwickelt. In General Luna auf **Siargao** gibt es eine Anzahl von Beach Resorts mit schönem Ausblick auf die endlose vorgelagerte Lagune und Nähe zu den Surfstränden. »BRC«, »Jadestar«, »Pesangan« und »Villa Ernesto« erwarten zum Teil gerade mal P50 pro Person; für nur ein paar Pesos mehr erhält man schon Vollpension.

Essen: Im »Tavern Hotel« speist man angenehm mit Inselblick. Auch das »Sunrise« (Borromeo St.) liegt unmittelbar am Wasser. Das »Cherry Blossoms« steht am anderen Ende der Stadt (Vasques St.). In allen dreien gibt es frisches Seafood.

Sehenswürdigkeiten: Das Surigaonon Heritage Museum zeigt einiges Lokalhistorisches.

Ausflüge: Das Mini-Eiland **Sagisi** mit 2 km cremefarbenem Strand ist nur einen Katzensprung von der City entfernt und ein beliebter Picknickplatz der Städter. Ein paar Hüttchen schützen vor den Elementen. Die Insel **Bucas Grande** liegt bereits neben Siargao auf hoher See; Fähren setzen von Surigao nach dem Inselhafen Socorro über. In dessen Nähe befinden sich die Sohoton-Höhle und -Lagune, Letztere ein kleines Märchenland, der Blue Lagoon von Miniloc in Nordpalawan nicht unähnlich. Ein Mini-Resort, Balanghai, nimmt Gäste auf. Auf **Dinagat Island** nördlich der Stadt gibt es ebenfalls ein paar Höhlen, namentlich die Buenavista Cave, keine touristischen Einrichtungen. Etwas westlich von Surigao: **San Francisco**, in der Anschlussprovinz Surigao del Sur gibt es ein **Madrid**; beide bieten sich für einen Trip an.

Information: Kleines Touristenbüro (Luneta, Tel. 231-7726) mit sehr hilfreichen Leuten. – Vorwahl Surigao 086.

Das Ernten der Kokosnüsse ist nicht ganz ungefährlich

So entsteht eine »Trinkkokosnuss«

Aus reifen Nüssen wird Kopra gemacht

Kopraherstellung durch Räuchern

Wenige Menschen hier zu Lande wissen, dass eine Kokosnuss im Naturzustand nicht das kleine, braune Etwas ist, das man in Supermärkten findet. Die Nuss ist »im Original« fußballgroß, wiegt bis zu 6 Kilo und enthält gut einen Liter herrlich frisches Wasser, hier oft fälschlich als »Kokosmilch« bezeichnet. Köstlich ist auch das Fruchtfleisch der jungen Nuss, das eine dünne, gallertartige Schicht im Innern bildet. Zu industrieller Verwertung kommt erst das herangereifte harte Fleisch, das, zu Kopra getrocknet, zumeist in den Export geht. Die Philippinen sind der weltweit größte Hersteller von Kokosprodukten.

»Auf Inselreisen gibt's nichts Besseres als Kokoswasser!«

Abenteuerliche Ziele von Davao bis Zamboanga

Gr. Foto: T'boli-Frau auf dem Lake Sebu, in dem Lotus blüht. Kl. Foto: Auf der Insel Santa Cruz bei Zamboanga liegen Boote mit den traditionellen Segeln »Moro Vinta«.

Der höchste Berg des Landes. Die (flächenmäßig) größte Stadt der Philippinen, mit den stärksten Zuwachsraten. Der stolzeste Adler der Welt. Der schönste See. Die prächtigste Orchidee. Ein Superlativ reiht sich dort im Süden an den anderen. Mindanao gilt schon lange als das »Land der Zukunft«. Die Pioniere reisen auch in Scharen an. Den dort Ansässigen passt der Zuzug jedoch gar nicht so recht ins Konzept.

Kevin dämpft die Stimme, aber selbst sein Flüsterton klingt aufgeregt. »Hey – sieh mal!« Ein enormer Vogel gleitet vorüber, fast auf Griffweite, will es scheinen. In seinen Fängen krümmt sich eine Schlange, selbst nicht ganz klein. Der Adler, denn es ist einer, landet auf seinem Nest in einem Riesenbaum, keine hundert Meter entfernt. Dort, durch das Fernglas deutlich erkennbar, reckt schon ein solitärer Grünschnabel den Hals nach der saftigen Mahlzeit, und ein großes Schlachtfest beginnt.

Einer der Seven Falls bei Surallah

Solche Erlebnisse kann man im »Philippine Eagle Center« in Malagos bei Davao haben. Und es handelt sich nicht etwa um einen Zoo, sondern um ein Bergdschungelareal, in dem die Beobachtung des »nobelsten Fliegers der Lüfte« (wie Charles Lindbergh ihn nannte) durch raffiniert angebrachte Sichtblenden unter natürlichen Bedingungen möglich ist.

Das Zentrum mag für den philippinischen Adler, zweitgrößter der Welt, die einzige Hoffnung sein, unter dieserart geschützten Bedingungen zu überleben, seit seine Bestände von geschätzten 5000 Exemplaren vor nur einem halben Jahrhundert auf gegenwärtige 65 zusammengeschmolzen sind. Die Verlustrate verdeutlicht dramatisch, wie rasch sich die Zerstörung der philippinischen Natur vollzogen hat und was der Zuzug von Immigrantenscharen in einer Region bewirken kann.

Guter Laune: farbstark gekleidete T'boli-Frauen

Auch die Mandaya-Frau ist gut drauf

Mindanao, die südlichste Großinsel der Philippinen, faszinierte europäische Seefahrer bereits, kaum dass der Archipel 1521 von Magellan entdeckt worden war. Nicht ausgeschlossen ist, dass dessen Landsmann und Busenfreund Francisco Serrão dort schon 1511 ein Gastspiel gegeben hatte. Die Molukken waren Europäern zu Beginn des 16. Jahrhunderts durchaus bekannt; Magellan wollte ja eine zu ihnen führende Westroute finden und verirrte sich dabei sozusagen auf die Philippinen. Serrão ging 1511 von Malakka auf Molukkentour, erlitt Schiffbruch bei den Banda-Inseln und kurz darauf noch einmal in angrenzenden Gefilden – möglicherweise im südlichen Mindanao. Somit müsste eigentlich er, Serrão, als »Entdecker« der Philippinen gelten. Ausschlaggebend für Magellans Expedition waren aber zumindest briefliche Direktiven Serrãos.

Mindanao ließ sich von niemandem erobern

Ohne Zweifel gab es rund um die Celebes- und Javasee damals eine hoch stehende Zivilisation, deren Herrscher miteinander Handel trieben – selbstverständlich auch mit Sklaven, in großem Stil sogar –, sich mit schöner Regelmäßigkeit bekriegten und hergefahrenen weißen Männern gegenüber wenig Respekt aufbrachten. Sehr zustatten kam ihnen die verbiesterte Rivalität zwischen den in

Über 900 Arten von Orchideen gibt es auf den Philippinen. Schon frühe Forscher konnten sich für diese herrlichen Blumen begeistern. Bald kam deshalb die Idee auf, Orchideen zu züchten und die florale Pracht dieserart kommerziell zu nutzen. Heute gibt es im ganzen Land, sogar mitten in Manila, Orchideenfarmen. Die Mehrzahl befindet sich, weil den Pflanzen feucht-heißes Tropenklima am meisten behagt, auf Mindanao und dort wiederum im Großraum Davao.

Die Waling-Waling ist auf Orchideenfarmen viel vertreten

Am Lake Sebu finden Besucher einige der attraktivsten Szenarien der südlichen Philippinen vor

Malakka und Ternate bei Halmahera fest etablierten Portugiesen und den spanischen Neuankömmlingen. Schon aus diesem Grund und weil sich die Einheimischen zumeist wütend gegen sie zur Wehr setzten, gelang es den Spaniern nie so recht, auf Mindanao – mit der eher unbeständigen Ausnahme von Zamboanga – überhaupt ein Bein an Deck zu kriegen. Auch »Moro-Kriege« änderten über Jahrhunderte hinweg daran nichts. Selbst die Amerikaner bissen sich an dem Problem die Zähne aus, obwohl 1915 ein Friedensvertrag mit den Moros geschlossen wurde.

In mancher Hinsicht genoss die Insel während der gesamten kolonialen Phase demnach so etwas wie politische Autarkie. Damit war paradoxerweise erst mit der Erlangung der philippinischen Unabhängigkeit Schluss, als Mindanao voll in die Republik integriert wurde. Doch was damals noch zu Jubel Anlass gab, passt vielen Mindanaoern schon lange nicht mehr in den Kram. Denn spätestens seit 1939, als der erste Riesenschub philippinischer (und sogar japanischer!) Siedler in Dadiangas im Süden anlandete, gilt die Insel als »Einwanderungsland«.

Längst sind die knapp drei Millionen Muslime die Minderheit auf eigener Scholle, ein Status, gegen den sie sich wiederholt mit Waffengewalt gewehrt haben. Endziel der fanatischsten Streiter ist ein islamischer Gottesstaat von eigenen Gnaden. Trotz mehrerer Friedensabkommen und überwältigender Ablehnung der Autonomie per Volksentscheid geht das Gerangel weiter. Dass die lokalen Potentaten das Land für ihr privates Wohlergehen ausgeblutet hatten und

In Davao wird massenweise Tunfisch angelandet

dass das viele Geld statt für Waffengänge in örtlichen Infrastrukturen besser investiert wäre, übergeht man geflissentlich und schiebt den Schwarzen Peter der heutigen Zentralregierung zu – die ist ja an vielem schuld.

In Davao brummt die Wirtschaft der Einwanderer

Die lautesten Stimmen kommen aus dem überwiegend muslimischen Westteil Mindanaos. Denn im Osten brummt die Wirtschaft der Einwanderer. Die Stadt Davao ist so etwas wie ein südliches Gegenstück zu Manila, nur mit cebuanischem Anstrich. Wenn die Rede auf Autonomie gebracht werden soll, so kann Davao nicht leugnen, eine Menge davon zu besitzen.
Ökonomisch könnte die Stadt ganz gut ohne den Rest der Philippinen existieren.

Muslime kleiden sich vorzugsweise traditionell

Groß-Davao zählt nicht nur 900 000 Bürger und ist damit die Nummer zwei im Lande, noch vor Cebu, sondern ist mit 244 000 Hektar Fläche auch fast so groß wie das Saarland. Zum Stadtgebiet gehören der Mt. Apo, mit 2954 Metern höchster Berg des Landes und Mittelpunkt eines Nationalparks, sowie weitläufige Bananen-, Ananas- und andere Fruchtplantagen. Davao gilt, wie Mindanao überhaupt, als »Obstkorb« der Phi-

Weberin in einem Yakan-Dorf

Zamboangas nasses Ambiente: Rio Hondo (unten)

lippinen und exportiert seine Produkte in die ganze pazifische Region. Spezialität der Stadt ist die Durian, eine igelige Großfrucht von faulem, käsigem Geruch und himmlischem – manche sagen höllischem – Geschmack.

Schon bald hinter »Durian City«, so der Spitzname, beginnt – trotz manchen Kahlschlags – die Wildnis. Mt. Apo hat eine Menge davon, was ihn schon im 19. Jahrhundert zu einem verlockenden Kletterziel für deutsche Botaniker machte. (Sie stießen dort unter anderem auf die Waling-Waling, die »schönste Orchidee der Welt«). Auch die Gegend weiter südlich ist szenisch bezaubernd und ethnisch vielgestaltig. Zu nennen sind insbesondere der Lake Sebu und die dort beheimatete kulturelle Minderheit der T'boli. Das farbige Gepräge macht Besuche des reizvoll gelegenen Stammesgebiets lohnend; allein der See ist eine Fotoexpedition wert.

Gleichzeitig beginnt hier aber schon »Muslim Country«, wie ausländische Touristen, die an geldgierige Guerrillas gerieten, mitunter zu ihrem Leidwesen erfahren mussten. Das Gebiet sollte nur bereist werden, wenn seitens der Behörden Entwarnung gegeben wird (Information im nächsten Ort Koronadal).

In Stelzendörfern wie Rio Hondo wohnt es sich angenehm luftig

Muslimische Regionen: Ziel für Abenteurer

Überhaupt stellt die gesamte anschließende Region eher ein Reiseziel für Abenteurer als für Pauschaltouristen dar – im tiefen Süden ist halt alles ganz anders. Auch der nächsten größeren Station, Cotabato, haftet ein entsprechender Ruf an. Vom einstigen Glanz der bereits 1475 von Muslimen aus Borneo gegründeten Stadt ist nicht viel erhalten geblieben. Doch islamisch wirkt sie auch weiterhin, namentlich am Mindanao River, wo heute Pfahlbauten vor einer Kulisse von Minaretten das Bild bestimmen. Im Stadtinnern herrscht dagegen die westliche Allerweltskultur vor.

Ab 1872 konnte christlicher Einfluss in Cotabato Fuß fassen. Heute sind die Anhänger beider Glaubensrichtungen zu fast gleichen Teilen vertreten – was freundschaftlichen Nachbarschaftsbeziehungen nicht immer förderlich war und ist. Cotabato hat deshalb wiederholt als Krisenherd von sich reden gemacht.

Auch im Ortsteil Taluksangay: Der Islam ist in Zamboanga unübersehbar

Hängebrücke in Taluksangay über das gleichnamige Pfahlbaudorf

Die Muslime sind Filipinos, und Zuvorkommenheit gegenüber Fremden liegt ihnen im Blut. (Es gibt, wie sich gezeigt hat, einige Ausnahmen.) Mehr als anderorten müssen in den muslimischen Landesteilen jedoch Provokationen durch aufreizende Kleidung (bzw. deren Mangel) und verletzendes Verhalten vermieden werden.

Dies gilt erst recht für den weiter westlich liegenden Wurmfortsatz mit seinem Endpunkt Zamboanga. Das Herz des philippinischen Islam schlägt in Marawi am Lake Lanao. Es geht ruhig zu, denn man weiß dort, wie koranwidrig Gräueltaten wie Überfälle und Entführungen sind. Das stille Gelehrtentum des muslimischen Zentrums hat keinen Bezug zu den Anhängern der »Befreiung«, etwa der MILF (Moro Islamic Liberation Front).

Dass ungläubige Zugereiste dem See, von dessen Erträgen Tausende von Menschen abhängen, im Zeichen des Fortschritts für den Betrieb von Kraftwerken so viel Wasser abknappsen, dass er mitunter austrocknet, hat nicht gerade zur Verbesserung der Stimmung beigetragen. Vor allem im Umfeld der Städte Pagadian und Ipil ist es immer wieder zu Ausschreitungen gekommen. Da es weiter nichts zu sehen gibt, sollte man die Region meiden.

Zamboanga dagegen gilt als Perle des Südens, Land der Blumen (so die mögliche Herkunft des Namens) und

Zamboanga: christlicher Schrein am Fort Pilar

Stadt der Vintas, wie die Auslegerboote mit den farbenprächtigen Segeln genannt werden. Die spanischen Kolonialherren bezeichneten die Stadt als Hort der Indios, Heiden und Mohren. Zwar war es den Portugiesen bereits 1585 gelungen, ein christliches Bollwerk in dieser damals längst islamischen Zitadelle zu errichten, und spanische Padres führten das Werk ab 1593 fort. Doch schon

Der leidenschaftliche Chabacano-Tanz gehört stets zu den Fiestas der südlichen Philippinen

1635 musste ein Fort gebaut werden, um die neue Mission zu verteidigen. Nicht nur wurde die spanische Bastion unermüdlich von den Muslimen attackiert. Auch Engländer, Holländer und Portugiesen rannten gegen die Festung an, die so den Charakter eines Zufluchtsortes für allen erdenklichen Multikulti annahm. Davon ist manches in den jeweiligen Mentalitäten erhalten geblieben, und das macht bis auf den heutigen Tag den Charme des Blumenlandes aus.

Zamboanga: Rizal-Denkmal

Keineswegs auch erfüllt Zamboanga die Erwartungen an ein zweites Hongkong, als das die Stadt wegen ihres lebendigen Barter Trade Market (mit zollfreien Waren und diversem Schmuggelgut) gern bezeichnet wird. Und selbst die bunten Vintasegel werden nur noch bei Festlichkeiten (oder für Touristen) aufgezogen.

Unterschwellige Spannung in Zamboanga

Was »Zambo« eher aufregend macht, vielleicht jenseits des alltäglichen Wahrnehmungsspektrums, ist eine gewisse unterschwellige Atmosphäre permanenter Spannung. Sie ist historisch bedingt, denn es ging schon immer spannend zu am Südwestzipfel Mindanaos, wo die Kulturen aufeinander trafen. Darunter nicht zuletzt jene des benachbarten, spätestens seit dem Frühjahr 2000 als gefährliches Pflaster bekannten Sulu-Archipels. Das multikulturelle Zusammenleben in Zamboanga scheint trotz allem zu harmonieren. Das erweist sich schon daran, dass noch kein muslimischer Hitzkopf versucht hat, das christliche Zwingburgsymbol Fort Pilar in die Luft zu sprengen und dass auch die Moschee Astanah Kasañangan weiterhin unbehelligt das Stadtbild verschönt.

REISE-INFO SÜD-MINDANAO

Davao

Karte: Seite 112/113, Planquadrat E 9.

Anreise: Davao wird direkt aus dem Ausland angeflogen; Inlandflüge gehen von und nach Manila, Cebu, Cagayan de Oro, Iloilo, Tawi-Tawi und Zamboanga. Passagierschiffe ab Manila via Iloilo, Cebu, Surigao und/oder General Santos. Busverbindungen mit allen größeren Städten, westlich maximal bis Cotabato.

Unterkunft: Das »Insular Century« (Lanang, Tel. 234-3050) bietet für P2100 ein vielsterniges Ambiente. Im »Apo View« (J. Camus St., Tel.221-6430, apoview@interasia.com.ph) sind P1800 anzulegen; dies gilt auch für weitere Hotels. Das »Sychar« (J. P. Laurel, Tel. 224-0603) hat bereits etwas für P665 dabei, und die Tourist Inns beginnen bei P220 (»Men Seng«, San Pedro St., Tel. 227-4775). Resorts auf den vorgelagerten Inseln: z. B. »Pearl Farm Resort« (Samal I., Tel. 221-9970, Fax 221-9979) ist mit $ 202 sehr teuer, »Paradise Island Resort« (Tel. 233-0252) mit P800.

Essen: Japanisch speist man im »Tsuru« (Legaspi St.), koreanisch im »Davao Korea« (Villa Abrille), französisch in »Claude's Le Café de Ville« (Rizal St.), bicolanisch im »Sarung Banggi« (F. Torres). Spezialität: *Kilawin*, scharfer roher Fischsalat.

Sehenswürdigkeiten: Buddhisten sind im Lon Hua Temple (Leon Garcia) und gleich daneben die Taoisten im Taoist Temple. Im Nahbereich des »Insular Century Hotels« diverse Ausstellungen. In Calinan gibt es ein japanisches Museum. Kurioser »Shrine of the Holy Infant Jesus of Prague«, der aus der Tschechoslowakei auf einem Hügel in Matina (5 km südwestlich) platziert wurde (schöner Ausblick). – Für Besucher offen: die Orchideen-Farmen Derling Worldwide (Buhang, Toril) sowie Greenhills (Catalunan Pequeño) und Mindanao Flower Market (Barrio Pampanga).

Ausflüge: Schöne Strände auf den Inseln **Samal** und **Talikud** (Boote ab Santa Ana Wharf), auf denen auch getaucht wird. Erlebnishungrige gehen den **Mt. Apo** an, vielleicht nach einem vorherigen Besuch des Adlerzentrums (Bus nach Calinan 35 km nordwestlich der City). Von den drei Aufstiegsrouten ist jene über Kidapawan die gebräuchlichste (Blockhaus für Übernachtungen und ständig einsatzbereite Bergführer; durchschnittlich viertägige Tour). Die Tour lässt sich im DOT-Büro Davao vororganisieren.

Informationen: Department of Tourism, Magsaysay Park Complex, Santa Ana, Tel. 221-6955, Fax 0070, dotr11@mozcom.com. – Vorwahl 082.

Lake Sebu / Cotabato

Karte: Seite 112/113, Planquadrat F 8 und E 8.

Anreise: Cotabato hat Flugverbindung mit Manila. Fähren nach Manila, General Santos, Pagadian und Zamboanga. Nach Lake Sebu kommt man per Jeepney ab Surallah, Bus ab Koronadal.

Unterkunft: Im »Marvella Plaza« in **Koronadal** (Gen. Santos Drive, Tel. 08322-83784) kostet ein DZ P1056. Kleinere Herbergen liegen um P500. In **Lake Sebu** gibt es mehrere Lodges mit Mehrbettzimmern, für die pro Kopf gezahlt wird: P50–100. In **Cotabato City** ist »Estosan Garden Hotel« (G. Gutierrez Ave., Tel. 421-6777, estosan-hotel@yahoo.com) das erste Haus und kostet ab P1440. Billiger geht's im »Padama Pension House« (72 Quezon Ave., Tel. 421-2625; P180).

Feste: Fiesta im Ort Lake Sebu am zweiten Wochenende im November und Fiesta des Stamms der T'boli am 5. März.

Ausflüge: Der Siok- und der Supon-Wasserfall bieten Erfrischung. Schön sind auch die Seven Falls bei **Surallah** (15 km südlich). Besteigung **Mt. Matutum** (2293 m); Kontakt: Bürgermeister der Gemeinde Tupi. In **Kalsangi/Polomolok**, nahebei, befindet sich die riesige Dole-Ananasplantage, deren Einrichtungen (Golfplatz, Pool, Restaurant) nach Rücksprache mitbenutzt werden können.

Informationen: DOT, COMSE Bldg., Quezon Ave., Tel. 421-1110, dot12@mozcom.com. – Vorwahl 064.

Zamboanga

Karte: Seite 112/113, Planquadrat E 6.

Anreise: Flugverbindungen mit Manila, Cebu, Davao und Jolo. Fährverkehr mit Manila, Cebu, Cotabato, Davao, Dipolog, Pagadian, General Santos und dem Sulu-Archipel. Busse fahren bis Pagadian.

Unterkunft: Das »Lantaka Hotel« (Valderroza, Tel. 991-2033) genießt legendären Ruf (ab P2000). Teurer noch ist das »Garden Orchid« (Gov. Camins Ave., Tel. 991-0031): P3000. Im sehr gepflegten »Grand Astoria« (Mayor Jaldon, Tel. 991-2510) kommt man für P950 unter. In kleineren Hotels bezahlt man ab P350.

Essen: Seafood ist besonders gut im »Alavar's House« direkt am Wasser und im »Abalone Restaurant« (Mayor Jaldon).

Sehenswürdigkeiten: Die bemoosten Mauern aus weißem Korallengestein des Forts Pilar atmen Eroberungsgeschichte, wozu eine permanente Ausstellung des Nationalmuseums mit Exponaten eines 1761 bei Basilan gesunkenen englischen Schiffes beiträgt. Vor einem Altar an der Ostmauer mit dem Bild der Schutzherrin der Stadt beten katholische Gläubige, seltsam kontrastierend gegen das nahe Campo Muslim mit Minaretten sowie das Pfahldorf Rio Hondo. Das war früher pittoresker, bevor das Viertel saniert wurde. »Ungläubige« sollten sicherheitshalber für Rio Hondo einen Tourist Guide engagieren. Locker geht es auf dem großen Fischmarkt am Hafen zu, wo auch andere Waren im Handel sind. Schnäppchen macht man auch auf dem benachbarten Barter Trade Market mit zollfreien Waren.

Ausflüge: Gelobt wird der **Pasonanca Park** 7 km nördlich der Stadt; das Amüsiergelände ist etwas für Kinder, und das berühmte »Tree House«, in dem auch Touristen gratis übernachten können, meistens belegt. Schöner sind die **Moschee Astanah Kasañangan** (sie unterstreicht die Autonomie der Region) und das Uferdorf **Taluksangay**, 19 km östlich der Stadt und malerischer als Rio Hondo.

Informationen: DOT, Lantaka Hotel, Tel. 991-0218, Fax 0030, dotr9@jetlink.com.ph. – Vorwahl Zamboanga 062.

Pearl Farm Beach Resort bei Davao

Fährt das Boot – oder nicht?

Island-Hopping

Heute an Bord, morgen geht's (vielleicht) fort von Boracay

Die Philippinen sind nicht nur, wie auch dieser HB-Bildatlas Special darzulegen versucht, ein faszinierendes, sondern dazu ein fremdartiges, »anderes« Land. Der schier unweigerliche Kulturschock kann im Reisenden bereits ausgelöst werden, wenn er aus dem Flugzeug steigt und ihm eine 35 Grad heiße Welle feuchtheißer Großstadtluft entgegenbrandet, die ihn nach Atem ringen lässt und den Resonanzboden für den nächsten Schock schon vorbereitet. Denn der dicke Hammer folgt unausweichlich.
Beim mühsamen Freihauen durch das zähe Gestrüpp der beamteten Kontrollen werden die ersten Fetzen ins Nervenkostüm gerissen. Die riesigen Menschenmassen, die sich nur zum Zeitvertreib vor dem Flugplatz postiert haben, tragen zu weiterer Irritation bei. Das auf den Besucher eindringende Gewirr unverständlicher Sprachlaute, die sich weiter steigernde Hitze – das alles führt zu Abwehr, Reibung, Schock.
Und das könnte sich auf Inselreisen ständig wiederholen. Kein Grund aber, an die Decke zu gehen. Man fasse sich in asiatischem Gleichmut. Nachfolgend wird ein wenig beim Vorbereitetsein und bei der Anpassung geholfen.
»Willkommen auf unserer Insel!« Barrio Captain (Dorfvorsteher) Anastasio Verbena ist zwar etwas verlegen, als zwei ausländische Touristen auf seinem Eiland auftauchen und sich korrekterweise zuerst an ihn wenden. Aber der Brauch gebietet, sich der Gäste elementar anzunehmen, ihnen zumindest ein Dach über dem Kopf zu verschaffen und ihre Sicherheit zu gewährleisten. Völlig hilflos dazustehen ist für Inselreisende also selbst auf dem entlegensten Eiland der Philippinen annähernd unmöglich.
Dies als kleiner Hinweis für Abenteuerlustige, die bis in die fernsten Tiefen des Archipels vorstoßen möchten. Den meisten Touristen dürften solche Expeditionen allerdings nicht gelingen, weil es ihnen ganz einfach an Zeit mangelt. Innerhalb eines normalen Urlaubs lassen sich die 7107 Inseln der Philippinen halt nicht erschließen. Hinzu kommt, dass fast alle Inseln, die nicht über halbwegs regelmäßige Flug- und Fährverbindungen verfügen, mit kleinen Haken behaftet sind. Auf ihnen wird die Frage nach dem nächsten Boot nämlich prinzipiell mit *mamaya* = »später« beantwortet.
Was das heißt, liegt im Ermessen des Fragenden. Vielleicht morgen. Vielleicht auch gar nicht. Weil in diesem Wörtchen für eine zeitlich limitierte Tour zu viele Unwägbarkeiten verborgen sind, wähle man, wenn man schon eine gewisse Anzahl von Inseln besuchen möchte (und auch sollte), eine bewährte Route, auf der nicht viel schief gehen kann.
»Island Hopping«, das Springen von Insel zu Insel, ist besonders abwechslungsreich im Mittelteil des Archipels, wo die Landkleckse dicht an dicht liegen. Dennoch sind stets substanzielle, tiefe und häufig windgepeitschte Wasserstraßen zu überbrücken. Auf einer kleinen Philippinenkarte nehmen sie sich winzig aus. »Schwimmdistanzen«, vermeinen manche. Doch in Wahrheit haben selbst die – nicht besonders seetüchtigen – Bancas, wie die üblichen Auslegerboote landessprachlich heißen, mitunter schwer an den Passagen zu knabbern, und die Fahrgäste freuen sich nach mancher rauen Tour, dass sie nicht schwimmen mussten. Nach ein paar Seemeilen verliert man nämlich die Lust daran; nicht jeder ist ein Kanalbezwinger.
Wenige Reisende werden auf einen Besuch der schönen Insel Boracay verzichten wollen, deren Lockungen man zu Recht besingt. Die »klassische« Anfahrt dorthin führt über Puerto Galera auf Mindoro, das per Bus von Manila nach Batangas und von dort per Fähre (mehrere Abfahrten pro Tag) leicht erreichbar ist. (Wer das letzte Schiff verpasst, setze nach Calapan über und nehme von dort einen Jeepney nach »Puerto«.)
Die Gefahr besteht, in Puerto Galera längere Zeit hängen zu bleiben, denn der kleine Ort und die westlich davon gelegenen Strände haben trotz einiger Fehlentwicklungen ein Flair beibehalten, das zum Verweilen lädt – manch einer blieb für immer da. Im Städtchen selbst und an allen Stränden finden sich viele Unterkünfte mit Preisen ab P350 pro Hütte. Info gibt's in den Pinten an der Pier.
Wer sich loszureißen vermag, fährt via Calapan per Bus nach Roxas an der Ostküste – eine Tour, für die man vorsichtshalber einen ganzen Tag anberaumen sollte. Von Roxas setzen stabile Boote nach Boracay über. Gegebenenfalls muss

Organisches Nest: Bicol-Dorf am Meer

Aus der Luft bietet der Bacuit-Archipel ein reizvolles Mosaik

man in dem wenig attraktiven Ort übernachten, wo, auch am Strand, mehrere kleine Klausen stehen. Über die keineswegs immer regelmäßigen Abfahrten der Boote weiß man in Roxas natürlich gut Bescheid. (Man verlasse sich nirgendwo im Bereich der Philippinen auf Schiffsfahrpläne, die ständig ganz spontan geändert werden können, sondern frage immer wieder mal nach.)

Mit Basis Boracay lassen sich, wie im Kapitel ab S. 58 beschrieben, zahlreiche Exkursionen in die benachbarte Inselwelt unternehmen. In Richtung Westen ist hier jedoch erst einmal Endstation. Die insulare Weiterreise muss via Panay stattfinden, das über die Nachbarinsel Negros eng mit Cebu vernetzt ist. Diese Insel und Großstadt wiederum gelten den meisten Island-Hoppern als zentraler Anlaufpunkt, denn von dort kann man zahlreiche Inseltrips planen. Das Cebu-Kapitel (S. 68) weist auf diverse Möglichkeiten im Umfeld der Insel hin.

Flugzeuge verbinden alle (touristisch) wichtigeren Inseln

Ein Stückchen weiter: Suluan und Homonhon im Leyte-Golf wirken heute kaum anders, als sie zu Zeiten Magellans ausgesehen haben dürften. Zwischen Bohol und Cebu drängen sich Südseeinselchen, weiße Korallenhümpel, auf denen ein Mikrokosmos kompakter Pfahldörfer Leben atmet. Siquijor südlich von Cebu ist das »Zentrum der Hexen und Heiler«, in dem allerlei Hokuspokus getrieben wird. Man kann aber auch im großen Bogen via Bohol, zudem vielleicht via Camiguin und die Inseln vor Surigao, dann über Leyte und Samar, nach Luzon zurückreisen, wobei sich die landschaftlich reizvollen Bicol-Provinzen »mitnehmen« lassen. Diese Routenführung ist auf Grund recht guter Verkehrsverbindungen leicht realisierbar. Sie berührt jedoch nicht immer touristisch entwickeltes Terrain, so dass man mitunter auf typisch einheimische Unterkünfte angewiesen ist – was aber nur zur Farbigkeit des Reisegeschehens beitragen kann. Wer für diese Rundtour drei Wochen ansetzt und ziemlich geschlaucht, aber vom Erlebten bereichert wieder in Manila ankommt, hat bei sorgfältiger Haushaltung, doch ohne nennenswerte Abstriche zu machen, etwa 500 Euro ausgegeben.

Die Alternative ist, sich in Cebu in den Flieger nach Puerto Princesa auf Palawan zu setzen. Der Flug schlägt mit rund P2500 (one-way) zu Buch. Das Gleiche muss man noch einmal für die Rückkehr (ab Nordpalawan oder Busuanga) nach Manila einkalkulieren, sofern man nicht per Schiff fahren möchte, was etwa ein Drittel bis die Hälfte des Flugpreises kostet. Ansonsten liegen die Ausgaben im gleichen Rahmen wie auf der Osttour. Einmal in Palawan angelangt, kann der Nisophile, Liebhaber von Inseln, befreit aufatmen. Insbesondere der Norden der Provinz ist mit Eilanden dicht an dicht bepflastert, und eines ist schöner als das andere.

Nicht jeder wird sich für eine zwar abenteuerliche, so aber auch strapaziöse mehrwöchige Reise durch die tropische Inselwelt zu begeistern vermögen. Wer dennoch das Inselerlebnis nicht missen möchte, sollte sich an Orten etablieren, wo Tagestouren zu lieblichen Eilanden leicht machbar sind. Interessante Potenziale haben insofern: Boracay, Coron (Busuanga), El Nido und Roxas (Palawan), Sablayan und San José (Mindoro), Santo Domingo (Albay), Surigao (Mindanao) und Tagbilaran (Bohol). Für P500 kann man in den meisten Fällen den ganzen Tag mit dem Boot unterwegs sein.

Hier und da lässt sich – mit guten Worten und etwas Geld – sogar eine Robinsonade veranstalten, für die sich manches Inselchen geradezu anbietet, einige klischeehaft mit solitärer Palme darauf. Allerdings sind Teilzeit-Aussteiger dort auf sich selbst angewiesen, keine TV-Crew steht mit kompletter Hilfslogistik im Off verborgen. Man sollte deshalb den Bootsmann nie gänzlich im Voraus bezahlen, um sich seiner Rückkehr zu versichern ...

Bescheidene Einkaufsmöglichkeit am Tambisaan Beach an der Südostküste von Boracay

Farbenpracht gehört zum Erntedankfest

Pahiyas

Pahiyas-Höhepunkt: Die Wasserbüffel werden vorgeführt

Bereits im 19. Jahrhundert konstatierte Fedor Jagor, der Freund der Philippinen: »In der Umgebung von Manila sind die Kirchenfeste wohl des Besuchs der Fremden werth, schon wegen der zahlreichen hübschen Indierinnen und Mestizinnen, die sich Abends dort einfinden und in ihrem besten Putz auf den festlich beleuchteten, mit Fahnen und Blumen geschmückten Straßen spazieren gehen ...«

Diese Empfehlung gilt auch heute noch, und nicht nur der schönen »Indierinnen« wegen. Ganz besonders ist sie angebracht für einen Ort wie Lucban, von dessen Panorama man sich nur die Automobile und Fernsehantennen wegzudenken braucht, um eine Rückversetzung in die spanische Ära zu Jagors Zeiten zu erfahren. Die zweistöckigen, gemütlich wirkenden Häuser – unten die Bodega, oben der aus schweren Hölzern gefügte Wohnteil –, das wuchtige *convento*, die belebte Plaza, die bunten, pferdegezogenen *kalesas* – das alles ist das alte Kastilien, welches man selbst in Spanien nur noch weitab der Touristenrouten und ansonsten allenfalls im ländlichen Lateinamerika vorfindet.

Gut zwei Autostunden von Manila gelegen, lässt sich Lucban nicht mehr in das Umfeld der Millionenstadt einordnen. Es sieht dort auch ganz anders aus. Alles in und um Lucban ist grün und – einschließlich der bemerkenswerten Reinlichkeit des Städtchens – angenehm fürs Auge. Ethnisch und kulturell gehört der Ort jedoch noch zum Einflussbereich Manilas. Ganz gewiss auch, was seine Produkte angeht, die fast alle auf die Märkte der Metropole wandern: Feldfrüchte, Gemüse, Kokosnüsse und jede Menge tropisches Obst.

Der Name *lucban* – eine Art Pampelmuse – kennzeichnet den Charakter des Ortes, der inmitten großer Obstplantagen liegt; dahinter dehnen sich an den Hängen des Vulkans Banahaw Kokoshaine und Reisterrassen. Eine weitere Spezialität Lucbans sind Kirschtomaten. An ihrem Ernteaufkommen wird bemessen, wie erfolgreich das Jahr sich gestaltete. Und da das Land um Lucban dank des (inaktiven) Vulkans außerordentlich fruchtbar ist, sind gute Ergebnisse eher die Regel als die Ausnahme.

Die Kiping-Blätter, zu aufwändigem Häuserschmuck verarbeitet, bilden eine wahre Farborgie

Deshalb wird einmal im Jahr, und zwar am 15. Mai, aller dieser Segnungen mit einer großen Feier gedacht. Der Adressat der Würdigung ist der heilige Isidro Labrador. Zwar nimmt Saint Louis von Frankreich die Rolle des ersten Schutzpatrons Lucbans ein. Doch dem für die Arbeiter und Bauern zuständigen Isidro wurde sozusagen die Vizefunktion zugeschanzt. Und weil sich das Landvolk mit dieser derben Figur viel besser identifizieren kann, lässt man sie auf der Fiesta hochleben. Der heilig gesprochene Isidro war nämlich ein schlichter Bauer aus der Gegend von Madrid, der ständig prächtige Ernten einfuhr, während seine Nachbarn dahinkrebsten. Das konnte nur an Isidros fleißigem Kirchgang liegen, währenddessen eine Schar von Engeln seine Felder bestellte. Da war es zur Beatifizierung dann nicht mehr weit. Dass eine Anrufung des frisch gekürten Heiligen dem erkrankten König von Spanien das Leben rettete, tat ein Übriges.

In Lucban wird dem guten San Isidro eine *pahiyas* – spezielle Darbringung – gewidmet, und diese stellt wiederum das Leitmotiv der Fiesta dar: eine Farbenpracht ohnegleichen, in Effekt gesetzt durch Tausende und Abertausende von hauchdünnen Blättern der Banahaw-Palme, die man mit Reisstärke bestrichen und in den schönsten Tönungen des Regenbogens eingefärbt hat. Modeschöpfer hätten ausgesuchtes Vokabular für die beliebtesten Schattierungen: shocking Pink, kreischendes Gelb, lebendiges Grün und sattes Rot. Das *kiping* genannte Blattwerk verziert während der Fiesta die Außenwände der Häuser, oder

Drei »Indierinnen« im festlichen Rahmen

man ordnet es zu riesigen, mehrschichtigen »Kronleuchtern«, Blumenarrangements und Pfauenrädern an. Der Phantasie sind keine Grenzen gesetzt und auch nicht dem Staunen des Betrachters.
Gleichzeitig legt jeder Haushalt – hiesigen Erntedankbräuchen recht ähnlich – ein reichliches Sortiment erlesener landwirtschaftlicher Produkte für den Schutzheiligen aus. Ein Gang durch den Ort zu Zeiten der Fiesta offenbart dem Besucher eine wahre Palette verschiedener rustikaler Erzeugnisse – und man weiß auch gleich, wer was angebaut hat. So sind die Häuser der Bauern in wahrhafte hängende Gärten der Semiramis verwandelt: Bündel von Gemüsen, Süßkartoffeln, Jams, Kokosnüssen und Bananen schwingen in den Fenstern, Reisgarben und Palmwedel verzieren die Giebel.
Hühner- und Entenzüchter demonstrieren mittels Hunderter bunt bemalter Zierschalen, welcher Zunft sie angehören, und natürlich werden auch der siegreiche Kampfhahn und die tüchtigste Legehenne stolz präsentiert und von allen Seiten sachkundig begutachtet. Die Hersteller von *suman*, kleinen, klebrigen, in Kokosblätter gewickelten Reiskuchen, haben wahre Girlanden und Vorhänge aus ihren Leckereien bereitet und diese in Tür- und Fensterrahmen aufgehängt.
Und selbst die zahlreichen Tante-Emma-Läden sind mit Verschönerungen ihrer Fassaden auf fachspezifische Art dabei, nämlich mit unzähligen leeren Zigarettenschachteln und den Kronenkorken von Bier- und Sprudelflaschen.
Sie wissen schon, die Tanten, weshalb sie *leere* Schachteln verwenden. Nachdem nämlich das Ebenbild des heiligen Isidro am Nachmittag des Fiestatages durch die Straßen paradiert worden ist, gilt das Motto: Die Häuser, die der Schutzpatron passiert hat, dürfen von der Menge »geplündert« werden. Wenn dabei ein paar Kokosnüsse und Bananen draufgehen, kann man als deren Eigentümer nur gutherzig darüber lächeln, denn dem Geist der Fiesta ist Genüge getan worden. Man hat's ja, was das Ergebnis eines langen Jahres schwerer Arbeit betrifft. Aber ein paar teure Schachteln Zigaretten schmerzen doch ganz schön, denn sie sind Teil eines Systems, in dem der bargeldlose Zahlungsverkehr – will sagen, das ländliche Tauschgeschäft – keine Chance hat. Man könnte ebenso gut Zwanzigpesoscheine wegwerfen, und darüber würde der heilige Isidro ganz gewiss die Stirn runzeln.

Ein Hingucker beim Straßenumzug

Aus Papier, aber durchaus elegant

Am Abend haben die Ladenbesitzer Gelegenheit, ihren Vorrat an Kronenkorken für das nächste Jahr zu ergänzen. Denn dann wird die fromme Etikette über Bord geworfen und nur noch bacchanalisch gebechert. Bier, Rum, Gin und Zuckerrohrschnaps fließen dann in Strömen. Es ist schließlich die letzte Möglichkeit, sich noch einmal so richtig loszulassen, bevor der Wonnemond Mai zu Ende geht und in den nächsten Monaten Monsune und Taifune mit allen dazugehörigen Kalamitäten ins Haus stehen.
Und wenn später am Abend noch ein paar kräftige Kanonenschläge die Fiesta-Atmosphäre erschüttern, dann gehört das auch dazu. Die Knallerei ist zwar verboten. Aber der Polizist muss noch geboren werden, der dem heiligen Isidro so einen Gruß zu verweigern wagte!
Information: Gleichzeitig mit Lucban wird die Pahiyas-Fiesta in den Städtchen Sariaya und Tayabas gefeiert. Günstigster Ausgangspunkt ist Lucena City, 140 km südöstlich von Manila. Gleichzeitig können mit dieser Basis mehrere schöne alternative Reiseziele erreicht werden: Der Mt. Banahaw (ab Tiaong/Dolores/Kinabuhayan). Der Ort Alaminos mit seinem »Hidden Valley« und zahlreichen heißen und kalten Quellen. (Allerdings sehr hoher Eintrittspreis!) San Pablo City (»Stadt der Sieben Seen«) mit Zugang zum »Villa Escudero« Resort und Einblicken in die Kokosindustrie. Außerdem kann man von hier nach Pagsanjan weiterreisen, um dort an der berühmten Stromschnellenfahrt teilzunehmen.

Allgemeine Reise-Informationen

Die 7107 Inseln des Landes, davon rund 2000 bewohnt, bedecken 300 000 qkm, also etwa so viel wie Italien. Der Archipel weist mit über 36 000 km die viertlängste Länderküstenlänge der Welt auf. Manila, die Hauptstadt, zählt mit den Satelliten Quezon City und Caloocan City ca. 4,7 Mill. Einwohner. Der aus 17 Einzelstädten zusammengesetzte Gesamtkomplex »Metro Manila« umfasst jedoch 11 Mill. Menschen. Gegenwärtig gibt es rund 74,5 Mill. Filipinos, die Mehrzahl, 83 %, ist katholisch. Die meisten sprechen die Amtssprache Tagalog (Pilipino), viele auch Englisch, doch insgesamt existieren über 100 Regionalsprachen. Ungewöhnlich hoch ist der Bildungsstand der Bevölkerung: Die Schulpflicht vom 7. bis 12. Lebensjahr wird weitestgehend wahrgenommen, danach besuchen 79 % weiterführende Schulen und 30 % überdies das College/die Universität. Dennoch müssen sich selbst gut gebildete Filipinos für Billigjobs verdingen, namentlich für internationale Hersteller von Fertigwaren; viele wandern auch aus und schicken ihr Geld in die Heimat.

1987 gab sich das Land eine neue Verfassung, doch damit war keineswegs der gewaltige Reformstau aufgelöst. Die durch die Entführung (auch) deutscher Touristen im Jahr 2000 erneut deutlich gewordenen Probleme mit den muslimischen Bevölkerungsgruppen auf Mindanao und Inseln in der Sulu-See sind ebenso wenig gelöst wie wirtschaftliche und daraus folgende soziale Probleme. Im Januar 2001 ersetzte Gloria Arroyo den im Juni 1998 gewählten Präsidenten Estrada, dem u. a. Korruption großen Stils vorgeworfen wird.

Adressen

Touristeninformation: Das Department of Tourism (DOT) für den deutschsprachigen Raum, das Philippinische Fremdenverkehrsamt, Kaiserhofstr. 7, 60313 Frankfurt; Tel. 069-20893, Fax 285127, ist nur begrenzt mit Material ausgestattet. Auch vom Hauptquartier des Department of Tourism in Manila (T. M. Kalaw St., Rizal Park, Ermita; Tel. 524-1703) darf man nicht zu viel erwarten. Effizienter sind manche Provinzbüros des DOT.

Insel Sibuyan: Die meisten insularen Ansiedlungen sind klein

Internet: Über die Website www.travelphil.com (Jens Peters Publikationen) lassen sich Links zu vielen von Sites herstellen und Auskünfte einholen. Das Department of Tourism in Manila hat die Websites www.tourism.gov.ph und www.dotpcvc.gov.ph, die wichtige Infos bieten.

Diplomatische Vertretungen: Die **deutsche Botschaft** auf den Philippinen befindet sich im 6. Stock des Solid Bank Bldg., 777 Paseo de Roxas, Makati; Tel. 892-490610, Fax 810-4703, Mo–Fr 8–11 Uhr. Im gleichen Gebäude (18. Stock) sind die **Schweizer** zu finden; Tel. 819-02025, Mo–Fr 9–12 Uhr.

Österreich ist vertreten im Prince Bldg., 117 Rada St., Makati; Tel. 817-9191, Mo–Fr 9–12 Uhr. Von den philippinischen Botschaften in Westeuropa kann man sich das am nächsten gelegene Konsulat sagen lassen, von denen es (namentlich in Deutschland) eine ansehnliche Zahl gibt. Botschaft in Berlin: Tel. 030-8619218, in Bern: 031-3982266, in Wien: 0222-53324010.

Anreise, Einreise

Derzeit sind neben der Lufthansa vor allem Cathay Pacific, Singapore Airlines und Malaysian Airlines die meistgebräuchlichen Linien nach Manila.

Deutsche, Österreicher und Schweizer können ohne Visum (aber mit Rückflugticket) einreisen und dann 21 Tage im Land bleiben. Mit Visum sind 59 Tage erlaubt. Es wird von den Botschaften und Konsulaten in Europa ausgestellt und kostet etwa 30 Euro. Die Aufenthaltsgenehmigung kann (zunächst auf sechs Monate) verlängert werden, ein recht aufwändiger bürokratischer Vorgang, der Geduld erfordert.

Elektrizität

Durchweg gelten auf den Philippinen 220 V, 60 Hz. Aber große Landesteile haben noch gar keinen Anschluss. Nicht selten sind »Blackouts«, auch Manila bleibt davon nicht verschont.

Philippinische Netzstecker folgen dem amerikanischen System mit Flachkontakten, ggf. Adapter aus Europa mitbringen. Auf Überlandreisen sollte man eine Taschenlampe dabeihaben.

REISEDATEN PHILIPPINEN

Flug von Deutschland	Inlandsverkehr	Reisepapiere	Devisen	Mietwagen	Benzin	Hotel (DZ)	Pension	Menü	Einfaches Essen	Ortszeit	Tauchkurs
ca. 500 €	100 km = P80	Reisepass, 21 Tage visafrei	1 € = P45 P1 = 0,02 €	Toyota Corolla US-$ 65 p. Tag, US-$ 93 p. Woche	1 Liter Normal: ca. P20	Doppelzimmer ab P800	Doppelzimmer ab P300	ab P100	Snack ab P50	MEZ + 6 Std. (Sommer), MEZ +7 Std. (Winter)	5-Tage-Anfängerkurs (mit Ausrüstung): ab US-$ 250

Ethnische Minderheiten

Etwa sechs Millionen Filipinos gelten als Angehörige von »Naturvölkern«, als »Wilde« gar. Doch in Wahrheit trifft man unter den Igoroten Nord-Luzons, den Mangyanen Mindoros, den Mindanao- und Palawanstämmen sowie den Negritos auf Luzon und in den Visayas weitaus mehr milde als wilde Menschen an. Dem ausländischen Reisenden gegenüber treten sie selten in Erscheinung. Sie möchten ohne Einladung auch nicht besucht werden. Lange galten sie als gesellschaftliche Störenfriede, die es aus dem Wege zu räumen galt: Die Tagalen, so werden die modernen Filipinos von den Ethnien genannt, entwickelten da großen Eifer. Besonders schwer hatten es stets die Aeta. Die kleinwüchsigen und schwarzhäutigen Negritos, verachtungsvoll »kleine Neger« genannt, kamen schon vor Tausenden von Jahren vom asiatischen Festland, wahrscheinlich aus dem indischen Raum. Zur Zeit der spanischen Konquista waren es immerhin noch so viele, dass man eine ganze Großinsel (Negros) nach ihnen nannte. Doch sie wurden ständig weniger. Heute leben die meisten an der Pazifikküste von Nord-Luzon, immerhin seit Jahrhunderten traditionelles Aeta-Gebiet. Gut geht es diesen Menschen dort aber noch lange nicht.

Etwa 80 000 Mangyanen gibt es; sie sind in sieben sprachlich verschiedene Kleinvölker über das Innere Mindoros verteilt, wohin sie vor rund 3000 Jahren einwanderten. Bereits im 11. Jahrhundert besaßen die Waldmenschen eine bis heute erhaltene Silbenschrift, und sie verfügten vor über 200 Jahren bereits

Ein Mangyan-Mann auf Mindoro

über ein Postsystem. Heute werden ihnen immerhin gewisse Grundrechte eingeräumt.

Stets gewehrt haben sich die Igoroten, Bewohner der Cordillera. Heute zollt man der Eigenwilligkeit und Schaffenskraft der »Menschen der Himmelswelt« Anerkennung. Das hat auch mit dem neuen Gemeinschaftsgefühl zu tun, das die Filipinos erst entwickelten, nachdem 1991 die Amerikaner als letzte ausländische Besatzer das Land verlassen hatten. Man wollte nun mit den eigenen »Onkeln und Tanten« besser umgehen: Es gab territoriale Zugeständnisse und einige politische Mitspracherechte. Seither äußern sich auch Angehörige der Stämme Batak, Ken-uy, Palawan und Tagbanua auf der Insel Palawan über ihr Schicksal durchaus zufrieden. Ihren Lebensunterhalt bestreiten die ethnischen Minderheiten weniger mit dem Verkauf ihrer Handarbeiten als mit Jagen und Sammeln nach uralter Tradition. Hier und da geben auch kleine Äcker etwas her.

Feiertage, Feste

Januar: Dem Neujahrstag folgt am 9. 1. die Black Nazarene Procession in Manila-Quiapo, eine Riesenfete. Am 3. Wochenende finden das Ati-Atihan in Kalibo und das Sinulog in Cebu statt. Um die Januarwende feiern die Chinesen ihr Neujahrsfest. **Februar**: Der Valentinstag wird am 14. 2. gewissenhaft begangen. Ende Februar vollzieht man die 1986er-Revolution gegen Marcos mit den People's Power Days nach. **April**: Die Karwoche ist landesweit heilig. Auf Marinduque geht dann das farbenfrohe Moriones-Festival über die Bühne, und am Karfreitag gibt es überall Prozessionen. **Mai**: Am Tag der Arbeit, 1. 5., ist arbeitsfrei. Der ganze Mai ist religiösen Feiern gewidmet, eine Art Erntedank. Am 15. ist in Lucban Pahiyas-Fest. **Juni**: Der Unabhängigkeit wird am 12. 6. gedacht. **September**: Ende des Monats ist das große Peñafrancia-Festival in Naga angesagt. **November**: Der 30. 11. steht im Zeichen des Freiheitskämpfers Andres Bonifacio. **Dezember**: Die weihnachtliche stille Nacht wird mit viel Lärm und Knallerei gefeiert. Der 30. 12. ehrt den Nationalhelden Rizal, und am 31. werden noch einmal die letzten Böller hervorgeholt. Außerdem feiert man jede Menge regionaler Fiestas quer durchs ganze Jahr.

Fotografieren

Filipinos lassen sich gern fotografieren und setzen sich dafür in Positur. Um hölzerne Szenen zu vermeiden, sollte bei zu zweit Reisenden ein Partner immer die zu Fotografierenden ablenken, am besten durch ein paar Possen zum Lachen bringen. Im muslimischen Bereich des Landes empfiehlt sich eine höfliche Frage, ob ein Foto gemacht werden darf. Dazu ist man fast immer gern bereit, denn auch die Muslime sind Filipinos.

Frauen

Den Philippinen haftet ein Macho-Image an, weil die meisten Männer sich für Teufelskerle halten und dies auch gerne laut kundtun. In Wahrheit backen die Machos in der matriarchalischen Gesellschaft des Archipels ganz kleine Brötchen, liefern brav ihre Lohntüte zu Hause ab und erhalten einen mickrigen

Frauen zeigen, wo's lang geht

Obolus zurück, mit dem sie im Kreise ihrer Genossen den Gockel spielen dürfen. Die Frauen, allen voran die Großmutter, haben auf den Philippinen weitgehend das Sagen. Filipinas sind bis in ministerielle Ebenen an Regierungsbelangen beteiligt. In den Büros trifft man sie ohnehin auf jeder Etage; viele Geschäftszweige werden komplett von ihnen dirigiert.

Philippinische Frauen in Führungspositionen sind jedoch bereit, schon aus kultur-

bedingter Harmoniebereitschaft heraus, sowohl im Erwerbs- als auch im Privatleben den Männern freiwillig die nominellen Chefpositionen zu überlassen.
Die willfährige Dienstmagd, ein bevorzugtes Klischee der philippinischen, überhaupt asiatischen Frau, gibt es, zum Leidwesen mancher Männer aus kühleren Breiten, überhaupt nicht. Auch wenn es nicht immer den äußeren Anschein haben mag, ist die Frau auf den Philippinen emanzipiert und geachtet. Diese Grundhaltung färbt auf ausländische Besucherinnen ab, die durchweg Zuvorkommen erwarten dürfen und das Land bereisen können, ohne Belästigungen fürchten zu müssen. Weiße Frauen, die es dagegen auf rasche Männerbekanntschaften in ihren Ferienwochen anlegen, werden ihre Erwartungen schnell erfüllt finden.

Geld

Die Umtauschrate für den philippinischen Peso (P) liegt bei ungefähr 1 : 40 zum US-$, mit sinkender Tendenz. Da die Preise keineswegs im gleichen Tempo mitziehen, sind die Philippinen für Besucher aus den Industriestaaten eine der billigsten Destinationen der Welt.
Im Billigbereich wird mit Bargeld bezahlt. Es gibt Münzen von 1, 5, 10, 25 und 50 Sentimos, die wegen ihrer Wertlosigkeit kaum beachtet werden. Das Zählen geht erst mit dem Peso los. Der Fünfer ist die nächstgrößere Münze, danach kommen Scheine bis 1000 Pesos.
Touristische Einrichtungen wie Hotels, Restaurants und Einkaufszentren akzeptieren fast überall die gängigen internationalen Kreditkarten wie American Express, Diners Club, MasterCard und Visa (generell mit einer saftigen Service Charge). Mit ausländischen Währungen kann man außer in größeren Banken nichts anfangen, und wenn schon, dann müssen es US-Dollar sein. An den Euro werden sich die Filipinos erst gewöhnen müssen, was sicherlich ein paar Jahre dauern dürfte.
Wechseln sollte man in Manila oder anderen Metropolen. Auf der Bank ist es am sichersten, auf dem schwarzen Markt weniger. Kursvergleiche lohnen erst bei größeren Summen. »Geld aus der Wand« mit PIN gibt es landesweit über ATMs (Automatic Teller Machines), die auch die wichtigsten Kreditkarten annehmen.

Ein Haufen Holz, aber nicht viel wert

Geschäftszeiten

Behörden und Büros sind zumeist ohne Mittagspause Mo–Fr 9–17 Uhr geöffnet, Banken schließen etwas früher. Läden, vom Supermarkt bis zur Dorfklitsche, sind ganzwöchig offen und machen gegen 20 Uhr zu. In den Großstädten ist ein Betrieb rund um die Uhr aber nicht unüblich. Zeitliche Absprachen werden auf den Philippinen sehr locker gesehen. Generell gilt *mamaya*, gleich oder später mal, vielleicht auch gar nicht. Zu Verabredungen kommt man grundsätzlich mindestens eine Stunde zu spät. Busse und Boote fahren immer erst ab, wenn sie voll sind.

Gesundheit

Das Gesundheitswesen ist landesweit organisiert, und staatliche Krankenhäuser und Versorgungsstellen erteilen kostenlose Dienste. Besonders auf dem Land ist es um Ausrüstung und Standard häufig nicht glänzend bestellt. Aber Ärzte und Schwestern tun mit dem Vorhandenen ihr Bestes, und wer an einem »normalen« Wehwehchen krankt, braucht keine Sorge zu haben. Private Hospitäler in den Städten sind besser ausgestattet; manche, wie das Makati Medical Center, zählen sogar zur allerersten Sahne. Dort muss jedoch nach BAT (»bar auf Tatze«) bezahlt werden. Schutzimpfungen werden nicht verlangt. Eine Malaria-Prophylaxe liegt im eigenen Ermessen; ein konsequent benutztes Moskitonetz ist aber wirkungsvoller als alle Tabletten. Eine Immunisierung gegen Hepatitis A empfiehlt sich. Darmkrankheiten sind weitaus weniger geworden, seit es überall Wasser in Flaschen gibt. Vorsicht vor Bilharziose – nicht in stehendem Süßwasser baden oder auch nur waten!
Gibt es Aids auf den Philippinen? Die offiziellen Zahlen sind eher niedlich. Das Problem tangiert große Bevölkerungsteile gar nicht. Wo die roten Lichter locken, kann es aber leicht Verbrennungen geben. »Use it or lose it«, das Kondom nämlich oder die Gesundheit, ist die Devise. Manchmal sind die Gefahren natürlicher Art: Während eines Taifuns fliegen schon mal Kokosnüsse und komplette Dachabdeckungen durch die Gegend. Seewespen (Killerquallen) treten in einigen Seegebieten jahreszeitlich gehäufter auf; die Einheimischen wissen Bescheid. Ein Gleiches gilt für das Vorkommen von Seekrokodilen. Haie und Schlangen sind keine nennenswerte Gefahr.

Kleidung, Körpergeruch

Früher wurden kurze Hosen auf den Philippinen als obszön empfunden. Das ist lange vorüber; heute tragen auch Filipinos gern Shorts, und Ausländer genießen eh eine gewisse Narrenfreiheit. In Regierungsbüros, namentlich bei der Immigrationsbehörde, ist ein solcher Aufzug jedoch nicht nur verpönt, sondern sogar offiziell verboten. Bei halbwegs formalen Anlässen gehört es sich, einigermaßen »anständig« gewandet zu sein.
Als ganz schlimm empfinden Filipinos

Auch die Studenten (hier Uni Naga) sind gepflegt gekleidet

verdreckte und verschwitzte Klamotten und ätzenden Körpergeruch. Sogar in den ärmsten Armenvierteln flattert stets Wäsche. Arm zu sein ist nichts Anrüchiges auf den Philippinen, schmutzig zu sein schon. Wer sich als Ausländer darüber hinwegsetzt, verliert an Prestige, kann beschimpft oder von einfachen Menschen gar angegriffen werden, weil die sich durch das abgerissene Erscheinungsbild düpiert fühlen. Ansonsten gilt: je weniger im Gepäck, desto besser. Kleidung kann man überall waschen (lassen); man kann sie auch sehr preiswert dazukaufen. Nur einen Pullover sollte man immer dabeihaben.

»Barbecue« von Huhn und Schwein – verkaufsfördernd stecken die Spieße in einen Bananenstamm

Klima, Reisezeit

Das philippinische Wettergeschehen ist komplex. Der Archipel liegt im Bereich der Monsune, die, ganz elementar mal, im »Sommer« aus Südwest und im »Winter« aus Nordost wehen; dazwischen bringen wetterwendische Übergangszeiten von allem etwas. Je nachdem, an

Manila	Temp. max.	Temp. min.	Wassertemp.	Regentage	Sonnenstd.
Januar	30°	21°	26°	3	6
Februar	31°	21°	26°	1	7
März	33°	23°	27°	1	7
April	34°	24°	28°	1	8
Mai	34°	25°	28°	8	7
Juni	32°	24°	29°	16	5
Juli	31°	24°	28°	19	4
August	32°	24°	28°	20	3
September	31°	24°	28°	18	3
Oktober	31°	24°	28°	15	4
November	31°	23°	27°	11	5
Dezember	30°	22°	27°	8	5

Durchschnittswerte — Quelle: Seewetteramt Hamburg

welcher Seite die immer mit Feuchtigkeit getränkten Monsune auf Land treffen, laden sie dort ihren Regen ab. Das heißt, im »Sommer« (etwa Juni bis September) regnet es viel im Westen und im »Winter« (November bis Februar) im Osten der Philippinen, und umgekehrt herrscht in den jeweiligen Zonen relativ niederschlagsfreies Wetter. In der Mitte, zum Beispiel im Bereich Cebu, finden sich ganzjährige Mischformen mit viel Sonne und einigem Regen. Die drei Monate, in denen man kaum etwas falsch machen kann, sind März bis Mai mit viel Sonnenschein. In der nördlichen Hälfte des Archipels muss man vornehmlich zwischen Juli und November mit Taifunen rechnen, die stets von zwei, drei Tagen heftigem Regen begleitet sind. Außerdem existiert in weiten Teilen des Landes von September bis November ein zusätzliches generelles »Wetterloch« mit zumeist aufgeräumtem Himmel.
Der landesweit kühlste Monat ist der Februar, der heißeste der Mai. In selbigem, auch schon im April, sollte man sich nicht in den dann unerträglichen Großstädten, allen voran Manila, aufhalten. Auf den Inseln herrscht dagegen fast immer eine Brise vor, besonders während des Nordostmonsuns von November bis Februar; im Süden und Westen mitunter bis April.

Kommunikation

Telefonieren: Vom Hotel aus ist es am teuersten; sonst von einer Telefonzentrale (PLDT). Die Tarife nach Europa sind gut doppelt so teuer wie in umgekehrter Richtung. Vorwahlen: Philippinen 0063, D 0049, A 0043, CH 0041. Am einfachsten geht es per Handy; sowohl D1 als auch D2 haben Roamingabkommen mit zwei der drei philippinischen Netzbetreiber; die Abdeckung reicht bis in kleinste Städte; der Ausbau schreitet voran. Am wichtigsten: Die Mobil-Gebühren nach Europa sind über die Hälfte billiger als vom Festnetz; außerdem ist man durch die Zeitverschiebung nicht von den Öffnungszeiten der Telefonzentralen oder Hotelrezeptionen abhängig. **Internet**: In den letzten Jahren sind in allen Städten Internet-Cafés wie Pilze aus dem Boden geschossen. Eine Stunde Online-Nutzung kostet etwa P20.

Küche

Auf den Philippinen heißt die Großmutter Lola, und von ihrer Art zu kochen schwärmt jeder echte Filipino. Lola kocht nur mit frischen Zutaten, die auf dem Markt besorgt werden. Philippinische Kochkünste sind einfach, und manche sind auf ein Minimum von Zutaten beschränkt. Ohne Knoblauch und Ingwer geht es aber selten ab; je nach lokalem Geschmack gesellen sich Kokosmilch, Zitronengras, scharfe Chilipfefferschoten und andere Gewürze hinzu.
Zu jeder vernünftigen Mahlzeit zwischen Aparri und Zamboanga gehört Reis. Als elementarstes Protein gibt es gebratenen Fisch dazu; auch die getrocknete Variante ist beliebt. Diese Kombination gilt im ganzen Land als Grundnahrung. Echt philippinisch ist auch *sinigang*, eine mit Tamarinden oder anderen Früchten gesäuerte leckere Gemüsesuppe. *Inihaw*, auch *sinugab* genannt, ist Gegrilltes, zumeist Fischiges und immer exzellent. *Bibingka*, *biko*, *puto* und *suman* sind (auf Fiestas angebotene) klebrige Süßigkeiten, gegen deren appetitlich-organische Machart nichts einzuwenden ist. Halo-halo (»alles durcheinander«) besteht dagegen vornehmlich aus geraspeltem Eis – nicht immer über hygienische Verdachtsmomente erhaben.
Die regionale Spezialisierung ist überaus weitläufig. Bicolanos schätzen *laing* und *pinakbet*, in Kokosmilch bereitete

»Krautwickel« aus Taroblättern mit einer Füllung aus Trockenfischchen und tränenrührenden Chilis. Ursprünglich aus Samar und Leyte stammt *Kinilaw*, ein stark gepfefferter Rohsalat aus Shrimps oder Fisch. *Bagoong, ginamos* für die Visayer, nennt sich eine vergorene Fisch- oder Garnelenpaste, die vielerorts Gerichte würzt und vor der es die meisten Europäer graust.
Escabeche, süßsaurer Fisch mit Papayastreifen, ist spanischer Abkunft, desgleichen *arroz caldo* »heißer Reis« mit Huhn und Ingwer, sehr empfehlenswert. Aus den Provinzen in Nord-Luzon kommt *Karikari*. Man erkennt das Wort »Curry«, und selbiger ist auch enthalten in diesem leckeren Gericht aus Innereien, Gemüsen, Erdnusspaste und Bagoong. *Lechon*, Spanferkel, gilt weiterhin als kulinarischer Höhepunkt auf Festen.

Literatur

Fedor Jagors zuerst 1873 erschienener klassischer Wälzer »Reisen in den Philippinen« ist schon wegen seines hintergründigen Humors streckenweise höchst unterhaltsam zu lesen; herausgekommen in gekürzter Neuauflage bei Jens Peters Publikationen, Berlin. Die rund hundert Jahre alten sozial- und regimekritischen Romane »Noli me tangere« und »El Filibusterismo« des Nationalhelden Dr. José Rizal, herausgegeben vomm Insel Verlag, Frankfurt, sind z. Zt. vergriffen.
Bei Jens Peters Publikationen, Berlin, erschienen sowohl das 800-seitige »Philippinen Reise-Handbuch« als auch Roland Hanewalds »Philippinen Abenteuer-Handbuch«, das sich dem Erlebnispotenzial des Inselstaats widmet.
Auf Englisch gibt es »Emelda and the Clans« von Beatriz Romualdez (Solar Publ.). Geschildert werden Aufstieg und Fall der Marcos-Familie von einer Insiderwarte. Spannend ist auch »No Surrender« von Hierro Onoda (Kodanshar Publ.), der seinen Krieg bis 1974 auf der Insel Lubang weiter focht.

Maße und Gewichte

Zwar wird im Allgemeinen das metrische System angewandt, doch sind die amerikanischen Maße und Gewichte inch, gallon und bei den Temperaturangaben Fahrenheit auch noch gebräuchlich.

Medien

Die überregionale Presse mit Tages- und Wochenzeitungen erscheint auch in englischer Sprache, es gibt sogar englischsprachige Lokalzeitungen. Das Fernsehen mit seinem überwiegend westlich orientierten Programm auf Englisch und Tagalog begeistert die Besucher meist nicht besonders.

Notfälle

Die Telefonnummer für die Polizei ist 116, für Feuerwehr 757. Die Touristen-Notrufnummern in Manila: 02-524 1728 oder 1660, in Cebu City: 032-254 1136.

Sicherheit

Wenn die Philippinen überhaupt jemals als »sicheres« Land galten, so war der Ruf im Jahr 2000 endgültig ruiniert. Das Entführungsdrama im Sulu-Archipel hatte auch drei Deutsche betroffen. Die Affäre ging gottlob glimpflich aus. Für die Philippinen haben die Spätschäden jedoch ganz andere Dimensionen: Der Tourismus brach zunächst einmal annähernd zusammen.
Vor Reisen in den Sulu-Archipel ist schon lange gewarnt worden, und auch davor, solche Warnungen auf die leichte Schulter zu nehmen. Wer zum Opfer der dortigen Gesetzlosigkeit wird, macht sich keine Gedanken, ob dieser Tat politische und soziale Motive zu Grunde liegen oder ob es sich um einen schlichten kriminellen Akt handelt, wovon prinzipiell auszugehen ist. Schon immer hatten die Raubzüge der Sulu-Insulaner nichts mit »Politik«, sondern nur mit schnöder Bereicherung zu tun. Empfehlung also: Man meide jene Ecke.
Im Rest des Landes sind kaum Probleme zu erwarten, sofern man sich nicht ausgerechnet in finsteren Vierteln umhertreibt, die auch normalen Einheimischen als gefährlich gelten. Der noch aktiven »Rebellen«-Organisation New People's Army (NPA) sind wiederholt Morde von Ausländern untergeschoben worden, was jedoch nicht den Tatsachen entspricht. Die NPA ist, im Gegensatz zu muslimischen Gruppen, um ein gutes Image im Ausland bemüht und lässt Touristen im Allgemeinen zufrieden. Aber richtig riskant ist es, sich mit Einheimischen auf ein Trinkgelage einzulassen: Bezechten Filipinos brennen beim geringsten Anlass leicht die Sicherungen durch. Zu Drogen halte man weiten Abstand. Nicht nur sind philippinische Gefängnisse schlimme Löcher mittelalterlichen Zuschnitts, auch die Todesstrafe ist für eine Reihe von Großdelikten obligatorisch.

Fahrradcops sorgen in Manilas Rizal Park für Sicherheit – insbesondere die der Touristen

Souvenirs

Die (kunst-)handwerklichen Produkte ethnischer Gruppen hielten seit ihrer aktuellen Wertschätzung Einzug in die »Tourist Shops«. Heute haben sogar die

Batad: Igorot-Schnitzarbeiten

meisten »Shopping Malls« und »Department Stores« in den Großstädten, allen voran Manila, gesonderte Ausstellungsräume für diese Waren. Spezifisch zu nennen sind »Chang Rong« in Intramuros und das »Nayong Pilipino« in Flugplatznähe, wo man wahrhaft edle Sachen zusammengetragen findet.
Beliebt sind Textilien aus Abaca- und Ananasfasern sowie die Webstoffe der Bergvölker und Holzschnitzereien aus Ifugao und Laguna. Für prächtige Metallarbeiten sind die muslimischen Minderheiten bekannt, deren Werkstücke aus blankem Messing man in besseren Souvenirläden in den Großstädten (vor allem auf Mindanao) erwerben kann.
Alle ethnischen Gruppierungen können Körbe und Flechtwaren von großer Schönheit und Formvielfalt herstellen, die bei Touristen und Kunstsammlern sehr begehrt sind. Gute Korbwaren in den Souvenirläden sind deshalb erstaunlich teuer, und auch die Hersteller selbst wissen zumeist um die Popularität ihrer Arbeiten und versuchen, ausländischen Interessenten einen schamlos hohen Obolus abzuluchsen. Beliebt ist die Praxis, Körbe durch Einreiben von Ruß auf »antik« zu trimmen und so den Preis hochzutreiben.
In manchen Orten im Bereich ethnischer Minderheiten, namentlich in den nördlichen Bergprovinzen, gibt es spezielle Einrichtungen, die von der Regierung oder von Kirchen bzw. Missionsstationen betrieben werden. Sie verkaufen die von den Stämmen hergestellten Produkte, deren Erlös den Schäfchen direkt zugute kommt. Auskünfte über solche Shops erhält man in DOT-Büros, Museen und Kirchen – ruhig mal gezielt nachfragen. Außerdem sind Kleinhändler mit ihren Waren fast überall in einem Eckchen der großen Märkte vertreten, die es in jeder Stadt gibt.

Sport

Vulkane und andere Berge verlocken zum **Bergsteigen**. Meist braucht es keine besondere Erfahrung – aber Kondition. Der höchste Berg des Landes ist der Mt. Apo mit 2956 m. Vulkanbesteigungen sind grundsätzlich wegen der Schlacken und Fumarolen (abgesehen vom möglichen Ausbruch) gefährlich und erfordern besonders gute Vorbereitung.
Eine Runde **Golf**? Kein Problem, Clubs und Golfplätze sind über das ganze Land verteilt, und manche sind vom Feinsten. Allein in Manila gibt es fast zwei Dutzend, ruhiger sind die Greens in den Provinzen. Gäste sind stets willkommen. Auskünfte bei den DOT-Büros.
In jüngster Zeit haben die Filipinos das **Mountainbike** entdeckt, in vielen Städten existieren bereits Vereine. Wer mitmachen möchte, wende sich für aktuellste Information ebenfalls an die örtlichen DOT-Branchen.
Entflammt die nationale Leidenschaft primär für Basketball, so wollen Besucher vor allem intensiv **Wassersport** treiben. Besonders groß geschrieben ist Gerätetauchen. Für einen Tauchgang sind generell US-$ 25 anzusetzen; der Tauchscheinerwerb kostet US-$ 250–300. Die schönsten Reviere und diverse Tauchbasen sind in den Kapitel-Infos aufgeführt; besonders viele Unternehmen gibt es in Puerto Galera, Boracay und Cebu/Bohol. Zusätzliche Detail-Infos erhält man bei www.travelphil.com. Das gilt auch für weitere Sportarten wie Seekajakfahren, Cat-Segeln und Windsurfen. Dessen Zentrum, auch für internationale Wettbewerbe, ist Boracay, wo im »Winter« der Nordostmonsun mit bis zu acht Windstärken für optimale Bedingungen sorgt.

Sprache

Um gleich Klarheit zu schaffen: Englisch ist lediglich (zweite) Amtssprache, wenn auch die gesamte Bürokratie und Wirtschaft auf ihr fußt. Aber Spanisch ist nicht die erste. Im Gegensatz zu Lateinamerika setzte sich Spanisch während der langen Kolonialherrschaft nie durch. Die spanischen Priester lernten die Regionaldialekte, um ihren Schäfchen näher zu kommen. Immerhin erfuhr diverses iberisches Wortgut Eingang in die insularen Idiome. Bevor die Spanier kamen, gab es keinen Begriff für Eis, heute *yelo* (hielo), man aß mit der Hand und nicht mit dem *kutsara* (cuchara = Löffel) und ging barfuß statt mit *sapatos* (zapatos = Schuhe) an den Füßen. Einige Dialekte (Bicol, Caviteño, Chavacano) wurden stark spanisch beeinflusst, doch in keinem Fall kann von »kreolisierten« Stummelsprachen die Rede sein.
Was auf den Philippinen gesprochen wird, allem voran die Nationalsprache Tagalog oder Pilipino, ist vokabularisch reich, grammatikalisch komplex und »auf dem eigenen Mist gewachsen«. Unter dem US-Kolonialregime mutierte das amerikanische Englisch zunächst zu einer alternativen Nationalsprache. Zwar nahm schon 1937 Tagalog wieder den Vorrang ein, aber erst in den 1970er-Jahren wurde der landesweite Gebrauch dieser Sprache mit Ursprung im Großraum Manila per Edikt durchgepaukt, um das von über hundert regionalen Dialekten balkanisierte Land linguistisch zu einen. Wer heute ein paar Brocken Tagalog beherrscht, wird fast im ganzen Land verstanden. Die philippini-

Boracay: Mit Tauchbooten werden abenteuerliche Touren unternommen

sche Lingua franca ist nicht schwer zu erlernen. Für den Anfang reicht »Tagalog (Pilipino) Wort für Wort« des Reise Know-How Verlags, Bielefeld.

Hier allererste Tagalog-Vokabeln

ja / nein	óo / hindí
ich	akó
du	ikáw
Sie	kayó
wo	nasaán
was	anó
wann	kailán
wer	síno
gibt es / haben Sie...	mayróon bang...?
gibt's nicht / kein	walá
danke	salámat
bitte (auffordernd)	pakí
bitte (k. Ursache)	waláng anumán
würden Sie bitte ...	puéde pakí lang ...
was kostet dies?	magkáno itó?
zu teuer	masyádong mahál
in Ordnung	síge, oké
gut	mabúti
macht nichts	hindí bále
tut mir Leid	dinárandam ko; sóri
das gefällt mir	gustó ko itó
Hilfe!	saklólo!
1	isá
2	dalawá
3	tatló
4	ápat
5	limá
6	ánim
7	pitó
8	waló
9	siyám
10	sampú

Trinkgeld

Überall wo sich der touristische Kommerz voll entwickelt hat, erscheint nicht nur eine »Service Charge« von zehn Prozent auf der Rechnung, sondern das Personal ist in ungefähr diesem Umfang zusätzlich erwartungsfroh. Da sollte man sich nicht lumpen lassen, zumal diese Leutchen nicht viel verdienen. Dort, wo Trinkgelder nicht üblich und vom Preisniveau her wenig angebracht sind, wirken »Tips« dagegen abgeschmackt. Der Kellnerin in der *carinderia* ist es ausgesprochen peinlich, »getippt« zu werden; sie meint, der Gast will etwas Unanständiges von ihr. Und wer bei »armen« Leuten eingeladen ist und dafür in bar zu bezahlen versucht, beleidigt heftig seine Gastgeber. Gegen ein kleines Geschenk, diskret überreicht, hat jedoch niemand etwas.

Unterkunft

Hotels: Auf den Philippinen wird stets das ganze Zimmer vermietet und der Preis entsprechend quotiert. Die in den Kapitel-Infotexten aufgeführten Übernachtungspreise beziehen sich also immer auf ein DZ; Einzelzimmer sind in der Norm nur wenig billiger. Dass für manche DZ oder gar ein »Cottage« manchmal nur zwei, drei Euro angelegt werden müssen, ist kein Druckfehler. Für die Kleinigkeit von 100 Pesos erhält man oft genug eine Bleibe, die dann aber auch recht bescheiden ausfällt. Beach Resorts bieten preiswerte **Cottages** an, Hüttchen aus Bambus und Palmstroh, mit ein, zwei Bettstätten, Moskitonetz (immer darauf bestehen!), schlichter Toilette und garantiert erfrischend kühler Dusche. Das ist am Strand völlig ausreichend und meistens richtig kuschelig.

Ein superbilliges Zimmer in einem **Stadthotel** bietet jedoch fast nie nennenswerten Komfort, sondern oft eher gefängnisartige Räumlichkeiten mit Backofentemperaturen. In der Stadt sollte man für ein Hotel oder eine häufig recht saubere und ordentliche Pension also schon etwas mehr anlegen und während der heißesten Zeit auch nicht auf eine (möglichst niedrig regulierte) Klimaanlage verzichten, ansonsten drohen Erstickungs- bzw. Kältetod.

Camping im gewohnten Sinn gibt es auf den Philippinen nicht. Dem Aufschlagen eines Zelts in der Wildnis steht jedoch nichts entgegen – außer vielleicht fallende Kokosnüsse, piekende Ameisen und neugierige Einheimische ...

Wer bei **Privat**leuten übernachtet, muss in den meisten Fällen fühlbare Abstriche machen, denn die gastfreundlichsten Filipinos sind generell auch die ärmsten. Besucher, die mit Plumpsklo, Fingerfood und Elefantendusche (aus dem Eimer) nicht leben können, dürfen sich nicht einladen lassen.

Luxuriöse Hotelanlage auf dem Samal Island

Verkehrsmittel

In den Städten und auf Highways rollen **Busse**, manche verwegene Kiste dabei, aber durchaus von Verlass. Die modernen Fernbusse mit Komfort kosten etwa 30 Prozent mehr Fahrgeld.

Fähren sind heute moderne Schiffe mit relativ verlässlichen Fahrplänen. Das gilt für die Hauptrouten Manila/Cebu/Zamboanga/Davao, Manila/Bacolod (Negros), Manila/Iloilo (Panay) sowie Manila/Puerto Princesa (Palawan). Bei den kleinen Fähren abseits der Hauptstrecken kann alles ganz anders sein; auf jeden Fall muss man sich um Termine und ggf. Verpflegung kümmern. Kürzere Strecken legen häufig Auslegerboote zurück, deren Seetüchtigkeit eher gering eingeschätzt werden sollte.

Flugzeuge sind häufig eine Alternative zu Fähren: Das Land besitzt ein engmaschiges Binnenflugnetz, die Unfallquote ist niedrig. Man kann davon ausgehen, dass die Maschinen gut gewartet sind. Allerdings sind viele Inseln nicht direkt untereinander verbunden, so dass meist der Weg über einen der beiden zentralen Inlandsflughäfen (Manila und Cebu City) führt.

Das philippinische Mädchen für alles ist der **Jeepney**, den manche Ausländer auch »Stinkney« nennen, weil er so räuchert. Das liegt an den uralten Dieselmaschinen und an der Gewohnheit der Fahrer, mit Kaugummi und Bindedraht alles selbst zu reparieren. Das Schöne am Jeepney ist, dass er im entlegensten Cityblock und auf der fernsten Dschungelpiste verlässlich in Erscheinung tritt. Mit diesem Verkehrsmittel von A nach B zu gelangen, ist auf den Philippinen (fast) überall und jederzeit möglich und lachhaft billig dazu.

Leihwagen sind relativ unproblematisch zu haben (Adressen in den Gelben Seiten). Die Frage ist allerdings, ob der Ordnung gewohnte Mitteleuropäer mit dem wilden Verkehrsgeschehen der Städte fertig wird. Zu bedenken ist auch, dass überall das Äquivalent des §1 der deut-

Die immer vorhandenen, immer preiswerten Verkehrsmittel sind und bleiben die Jeepneys

schen StVO gilt. Wer etwas oder jemanden anfährt, muss mit Spontanjustiz rechnen, die schmerzhaft sein kann.

Ein Thema für sich: **Taxen** – vor allem wegen des leidigen Taxameters, das häufig kaputt oder manipuliert ist. Besucher mit Lokalkenntnis handeln einen akzeptablen Preis vor Fahrtantritt aus, andere können das nur probieren. Es gibt, zumindest in den großen Städten, zunehmend Taxen mit Aircondition (AC), die natürlich etwas teurer sind. Derzeit beträgt die Grundgebühr P20 für die ersten 500 Meter und P1 für alle weiteren 250 Meter.

Für kurze Strecken sind überall **Tricycles** vorhanden, leichte Motorräder mit einer Seitenkabine. Auch für Tricycle-Touren sind die Fahrpreise moderat. Große Mitteleuropäer haben freilich Probleme, ihre Beine unterzubringen.

Zeit

Auf den Philippinen ist es im Sommer sechs und im Winter sieben Stunden später als in Mitteleuropa.

Zeittafel

50–25 000 v. Chr.
Dunkelhäutige, kleinwüchsige Migranten vom asiatischen Kontinent wandern über Landbrücken in den menschenleeren Archipel ein.

ab 3000 v. Chr.
Neue Zuwanderer malaiischer Herkunft siedeln sich an. Diese Migrationen aus dem Süden setzen sich bis ins 14. nachchristliche Jahrhundert fort.

1380
Der Islam fasst Fuß in den südlichen Landesteilen.

1521
Ferdinand Magellan erreicht den Archipel nach zweijähriger Reisedauer. Er stirbt in einer Lokalfehde auf der Insel Mactan.

1565
Miguel López de Legazpi erobert Cebu und leitet die Unterwerfung der Inseln ein; sechs Jahre später wird Manila Hauptstadt. Gleichzeitig beginnt der Galeonenhandel zwischen Manila und Mexiko; er dauert bis 1815.

ab 1872
Revolutionäre Bewegungen beginnen das Land zu erschüttern.

1896
Die Spanier exekutieren José Rizal, Initiator des Aufstands gegen die Kolonialmacht und späterer Nationalheld.

1898
Die USA erklären Spanien den Krieg und beenden das Kolonialregime. Für die Filipinos ist dies ein Pyrrhussieg, denn die Amerikaner übernehmen anschließend die Macht im Land. Ein Kleinkrieg gegen US-Truppen geht verlustreich aus.

1935
Manuel Quezon wird in einer Vorzeigeposition erster philippinischer Präsident.

1941
Japanische Streitkräfte greifen die Philippinen an. US-General Douglas MacArthur verlässt das Land mit der ominösen Drohung: »I shall return!«

1944
MacArthur ist zurück, Japan kapituliert im Jahr darauf.

1946
Die Philippinen werden unter Manuel Roxas unabhängig.

1965
Ferdinand Marcos wird Präsident.

1972
Endlose Unruhen überziehen das Land. Marcos erklärt das Kriegsrecht und verlängert trickreich seine Amtsperiode.

1983
Oppositionsführer Benigno Aquino wird auf dem Flughafen Manila ermordet. Es gibt kaum Zweifel, dass Marcos der Auftraggeber ist. Landesweit brechen Proteste und Demonstrationen los.

1986
Im Zuge eines riesigen Volksaufstands wird Marcos aus dem Amt und außer Landes gejagt. Corazon Aquino, Benignos Witwe, übernimmt den Posten. Ihre Amtszeit, von sieben Putschversuchen der Armee empfindlich erschüttert, bewegt nicht viel.

1991
Der Vulkan Pinatubo bricht in einer Mega-Eruption aus; sieben Kubikkilometer Materie fliegen in die Luft. Hunderte von Menschen sterben; die Reisanbauprovinzen Zentral-Luzons bleiben über Jahre hinaus verwüstet. Die amerikanischen Stützpunkte Subic Bay und Clark haben keinen strategischen Wert mehr und werden, wie vom philippinischen Senat ohnehin beschlossen, aufgegeben.

2000
Eine Gruppe von Touristen, darunter drei Deutsche, wird von Sipadan (Malaysia) nach Jolo im Sulu-Archipel entführt und kommt erst nach über vier Monaten durch libyische Intervention frei.

2001
Präsident Joseph Estrada muss nach Korruptionsvorwürfen seinen Posten räumen. Vizepräsidentin Gloria Macapacal Arroyo löst »Erap« ab.

Stand: Juni 2001

1
2
3
4
5
A
B
C
D
E
F
G
SOUTH
CHINA
SEA
LUZON
MINDORO
Scarborough Shoal
Hermana Mayor I.
Babuyan Islands
Babuyan Channel
Dalupiri I.
Camiguin I.
Fuga
LAOAG
Bacarra
Paoay
Batac
Vigan
Mt. Sapocoy
Cordillera Central
Tuguegarao
Ilagan
Tabuk
Bontoc
Banaue
Rice Terraces
Santiago
Bayombong
SAN FERNANDO
BAGUIO
Lingayen Gulf
Alaminos
Bolinao
DAGUPAN
SAN CARLOS
Urdaneta
San Jose
Camiling
Paniqui
Gerona
TARLAC
CABANATUAN
Palayan
Concepcion
Capas
Iba
Zambales Mts.
ANGELES
SAN FERNANDO
Malolos
OLONGAPO
Subic
Bataan Pen.
Balanga
Mariveles
Corregidor I.
QUEZON CITY
CALOOCAN
MANILA
MARIKINA
PASAY
PARAÑAQUE
CAVITE
BACOOR
PASIG
Antipolo
Manila Bay
Laguna de Bay
Tanay
Pagsanjan
CALAMBA
S. PABLO
Mt. Banahaw
LUCENA
Tayabas Bay
Lamon Bay
Polillo I.
Polillo Strait
Dingalan Bay
Baler
Nasugbu
Taal Lake
BATANGAS
Balayan Bay
Lubang
Verde Island Passage
Calapan
Naujan
Mamburao
Pinamalayan
Mt. Halcon
Mt. Baco
Roxas
Mansalay
S. Jose
Bulalacao
Mindoro Strait
Apo Reef
Tablas Strait
Calamianes I.
Culion I.
Busuanga
Coron
Marinduque

Autobahn, mehrspurige Straße - Fernverkehrsstraße
Hauptstraße - Nebenstraße - Fahrweg, Piste
Entfernungen in Kilometer
259
130
129
Eisenbahn - Eisenbahnfähre - Autofähre - Schifffahrtslinie
Flughafen - Wichtiger intern. Flughafen - Höhe in Meter - Pass
1365
Internationale Grenze - Provinzgrenze
Sperrgebiet - Nationalpark
Besondere Sehenswürdigkeit
Chocolate Hills
Sonstige Sehenswürdigkeit - Sehenswerter Ort
DAVAO CITY
Besonders sehenswerter Ort - Hauptstadt eines souveränen Staates
MANILA
Maßstab 1:2.800.000
0 20 40 60 80km
CHINA
TAIWAN
JAPAN
Taipeh
Kanton
Victoria
Hanoi
Haikou
Süd-
chinesisches
Meer
VIETNAM
PHILIPPINEN
Laoag
Baguio
Tarlac
Quezon City
Manila
Lucena
Legazpi
Calbayog
Tacloban
Iloilo City
Bocolod
Cebu City
Pto.Princesa
Butuan
Cagayan de Oro
Zamboanga City
Davao City
General City
MALAYSIA
BRUNEI
Bandar Seri Begawan
PHILIPPINE
SEA
Sierra Madre
Palaui
Escarpada Pt.
S. Vicente
Santa Ana
Bawa
Iligan Pt.
Mt. Cagua
Valley Pt.
Baguio Pt.
Divilic an Bay
Maconacon
Divilican
Sancad
Palanan Bay
San Mariano
Palanan
Calicocohan
Diviusa Pt.
Dinapigui
Tarigtig Pt.
Dalisag
Dijohan Pt.
Casiguran
Dinipan
Pollilo Is.
Palasan
Patnanungan I.
Jomalig I.
Calagua Is.
Tinaga I.
Guintinua I.
Capalonga
Cayaan
Jose Panganiban
Paracale
Labo
Daet
Vinzons
Bagarbas Beach
Mercedes
Basud
Sta. Elena
S. Lorenzo
Manato
S. Pedro
Lopez
Guinayangan
Del Gallego
Ragay
Gumaca
Quezon
Pitogo
Binahian
Sipocot
Libmanan
Calabanga
NAGA
Pili
Mt. Isarog
Tigaon
Goa
Sabang
Presentación
Garchitorena
Caramoan
Lagonoy Gulf
Iriga
Buhi
Tiwi
Malinao
Tabaco
Polangui
Ligao
Guinobatan
Camalig
Mayon Vul.
Daraga
LEGAZPI
Manito
Bacon
Sorsogon
Prieto Diaz
Gubat
Castilla
Pilar
Donsol
Juban
Bulusan
Bulan
Matnog
Sta. Magdalena
Rapu-Rapu
Batan I.
Cagraray I.
San Miguel I.
CATANDUANES
Pandan
Caramoran
Bagamanoc
Viga
Hobong
Baras
Bato
Virac
San Andres
Nagumbuaya Pt.
Ragay Gulf
Bondoc Pen.
Mulanay
Catanauan
San Narciso
Torrijos
San Francisco
San Andres
Marinduque I.
Burias I.
San Pascual
Claveria
Ticao I.
Sibuyan Sea
Romblon
Sibuyan I.
Mt. Guiting-Guiting
Cajidiocan
San Fernando
Alcantara
MASBATE
Masbate
Milagros
Mandaon
Aroroy
Balud
Cataingan
Placer
Esperanza
Jintotolo Channel
Kalibo
Tangalan
San Bernardino Str.
Laoang
Catarman
Allen
Lavezares
Victoria
San Isidro
Palapag
Mondragon
Catubig
Las Navas
Mapanas
Gamay
Arteche
Oras
S. Policarpo
Dolores
S. Luis
Sulat
S. Julian
CALBAYOG
Mt. Capotoan
Sta. Margarita
Gandara
Catbalogan
Wright
SAMAR
Samar Sea

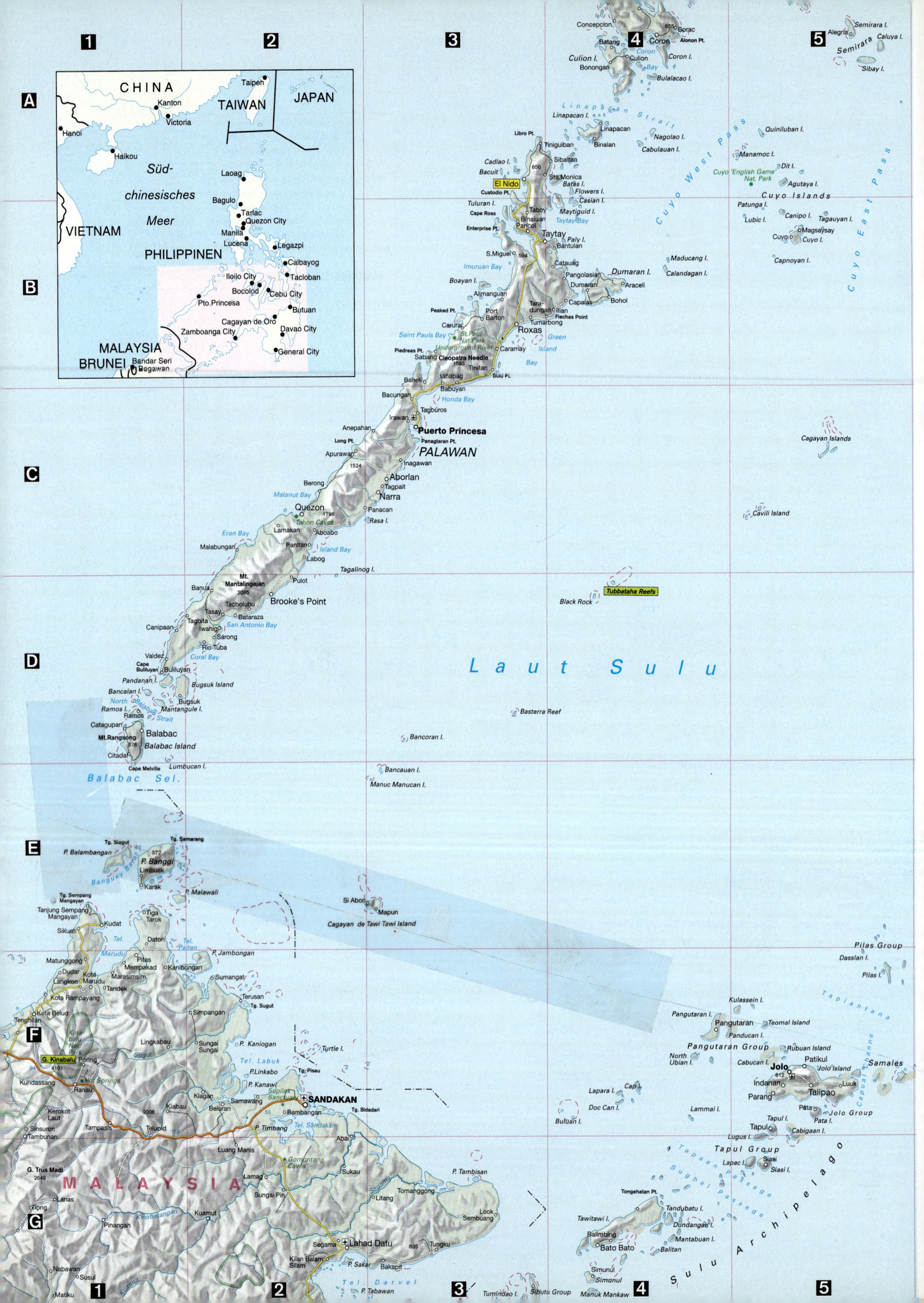

1
2
3
4
5
A
B
C
D
E
F
G
CHINA
TAIWAN
JAPAN
Taipeh
Kanton
Victoria
Hanoi
Haikou
Süd-
chinesisches
Meer
VIETNAM
PHILIPPINEN
Laoag
Baguio
Tarlac
Quezon City
Manila
Lucena
Legazpi
Calbayog
Iloilo City
Bocolod
Tacloban
Cebu City
Pto.Princesa
Butuan
Cagayan de Oro
Davao City
Zamboanga City
General City
MALAYSIA
BRUNEI
Bandar Seri
Begawan
Concepcion
Borac
Batang
Coron
Alonon Pt.
Culion I.
Culion
Coron
Bay
Coron I.
Bonongan
Bulalacao I.
Semirara I.
Alegria
Caluya I.
Semirara
Sibay I.
Linapacan Strait
Linapacan I.
Linapacan
Nagolao I.
Binalan
Cabulauan I.
Quiniluban I.
Libro Pt.
Tiniguiban
Sibaltan
Manamoc I.
Cadlao I.
Bacuit
El Nido
Sta.Monica
Batas I.
Custodio Pt.
Flowers I.
Cuyo 'English Game' Nat. Park
Dit I.
Agutaya I.
Cuyo Islands
Cuyo West Pass
Cuyo East Pass
Tuluran I.
Casian I.
Patunga I.
Cape Ross
Taboy
Maytiguid I.
Binaluan
Lubic I.
Canipo I.
Tagauyan I.
Enterprise Pt.
Pancol
Taytay Bay
Taytay
Magsaysay
Cuyo
Cuyo I.
Paly I.
Bantulan
S.Miguel
Capnoyan I.
Maducang I.
Calandagan I.
Imuruan Bay
Cataaug
Dumaran I.
Pangolasian
Boayan I.
Dumaran
Araceli
Alimanguan
Capalas
Bohol
Peaked Pt.
Port Barton
Taradungan
Ilian
Flechas Point
Tumarbong
Caruray
Roxas
Saint Pauls Bay
St.Paul Nat.Park
Underground River
Green Island Bay
Piedreas Pt.
Sabang
Cleopatra Needle
Caramay
Tinitan
Baheli
Ianabag
Bold Pt.
Babuyan
Bacungan
Honda Bay
Tagburos
Irawan
Anepahan
Puerto Princesa
Long Pt.
Panagtaran Pt.
PALAWAN
Apurawan
Inagawan
Aborlan
Berong
Tagpait
Narra
Malanut Bay
Quezon
Panacan
Tabon Caves
Rasa I.
Eran Bay
Lamakan
Aboabo
Malabungan
Panitan
Island Bay
Labog
Tagalinog I.
Mt. Mantalingajan
Pulot
Bunua
Brooke's Point
Tacbolubu
Tasay
Bataraza
Tagbita
Iwahig
San Antonio Bay
Canipaan
Sarong
Rio Tuba
Valdez
Coral Bay
Cape Buliluyan
Buliluyan
Pandanan I.
Bugsuk Island
Bancalan I.
North Balabac Strait
Ramos I.
Mantangule I.
Ramos
Bugsuk
Catagupan
Balabac
Mt.Rangsong
Balabac Island
Citadel
Cape Melville
Lumbucan I.
Balabac Sel.
Laut Sulu
Tubbataha Reefs
Black Rock
Cagayan Islands
Cavili Island
Basterra Reef
Bancoran I.
Bancauan I.
Manuc Manucan I.
Tg. Siagut
Tg. Samarang
P. Balambangan
P. Banggi
Limbuak
Karak
Banguey Barat
P. Malawali
Si Abon
Mapun
Cagayan de Tawi Tawi Island
Tg. Sempang Mangayau
Tanjung Sempang Mangayau
Tiga
Tarok
Kudat
Sikuati
Tel. Marudu
Daton
Tel. Paitan
P. Jambongan
Matunggong
Pitas
Mempakad
Kanibongan
Dudar
Kota Marudu
Langkon
Marasimsim
Tandek
Sumangat
Kota Rampayang
Terusan
Tg. Sugut
Kota Belud
Tenghilan
Simpangan
Lingkabau
Sungai Sungai
P. Kaniogan
G. Kinabalu
Poring
Sugut
Turtle I.
Tel. Labuk
P.Linkabo
Tg. Pisau
Kundassang
Hot Springs
Ranau
P. Kanawi
Klagan
Sepilok Sanctuary
SANDAKAN
Samawang
Beluran
Kiabau
Bambangan
Tg. Bidadari
Kerokot
Laut
Tampasis
Telupid
Sinsuron
Tambunan
P. Timbang
Tel. Sandakan
Abai
Luang Manis
G. Trus Madi
MALAYSIA
Lamag
Gomantong Caves
Sukau
P. Tambisan
Tongod
Lanas
Sungai Pin
Litang
Tomanggong
Kuamut
Kinabatangan
Look Sembuang
Pinangah
Segama
Lahad Datu
Tungku
Kilan Balam
Silam
P. Sakar
Bakapit
Nabawan
Susul
Tel. Darvel
Matiku
P. Tabawan
Tumindao I.
Sibutu Group
Manuk Mankaw
Pilas Group
Dasslan I.
Pilas I.
Tapiantana
Kulassein I.
Pangutaran I.
Pangutaran
Teomal Island
Panducan I.
Pangutaran Group
Rubuan Island
North Ubian I.
Cabucan I.
Patikul
Jolo
Jolo Island
Samales
Indanan
Parang
Talipao
Luuk
Capual Channel
Lapara I.
Cap I.
Doc Can I.
Pata
Jolo Group
Buluan I.
Lammai I.
Tapul I.
Pata I.
Tapul
Cabigaan I.
Lugus I.
Tapul Group
Tapaan Passage
Lapac I.
Siasi
Siasi I.
Sugbai Passage
Sulu Archipelago
Tongehatan Pt.
Tandubatu I.
Tawitawi I.
Dundangan I.
Balimbing
Mantabuan I.
Bato Bato
Balitan
Simunul
Simanul